Lavorano | Rassismus. 100 Seiten

* Reclam 100 Seiten *

STEPHANIE LAVORANO, geb. 1985, forscht zu Rassismus und Rassismuskritik. Sie hat unter anderem an den Universitäten Gießen, Wien und Berkeley gelehrt. Bei Reclam hat sie 2016 den Band *Was ist Rassismus?* herausgegeben.

Stephanie Lavorano

Rassismus. 100 Seiten

Reclam

2019, 2023 Philipp Reclam jun. Verlag GmbH,
Siemensstraße 32, 71254 Ditzingen
info@reclam.de
Umschlaggestaltung: zero-media.net, München
Umschlagabbildung: FinePic®
Infografiken (S. 40 f., 80 f.): Infographics Group GmbH
Bildnachweis: Autorinnenfoto: privat; S. 54 Hygiene-Museum Dresden / Foto: David-Brandt.de; S. 66 Scherl / Süddeutsche Zeitung Photo; S. 69 Library of Congress; S. 76 Jorge Felix / Alamy Stock Photo; S. 91 getty images.
Umschlagmaterial: Creative Print, Schabert
Druck und Bindung: Esser printSolutions GmbH,
Untere Sonnenstraße 5, 84030 Ergolding
Printed in Germany 2025
RECLAM ist eine eingetragene Marke
der Philipp Reclam jun. GmbH & Co. KG, Stuttgart
ISBN 978-3-15-020534-1
reclam.de

Für mehr Informationen zur 100-Seiten-Reihe:
reclam.de/100Seiten

Inhalt

1 Vorwort
8 Wann beginnt Rassismus?
34 Was ist Rassismus?
53 Wie denkt Rassismus?
75 Ist Europa rassistisch?
96 Und nun?

Im Anhang Lektüretipps

Vorwort

Als ich im Frühjahr 2016 die Universität Berkeley in Kalifornien besuchte und mein Forschungsprojekt zu gegenwärtigen Formen des Rassismus in Deutschland vorstellte, sagte mir ein Kollege: »Das, was gegenwärtig in Deutschland passiert, sollte man nicht Rassismus nennen.« Er wollte darauf hinaus, dass der Begriff »Rassismus« zu groß, zu gesättigt von der deutschen nationalsozialistischen Geschichte sei, um zu aktuellen Formen der Diskriminierungen zu passen. Würde man heutige Ablehnungen und Ausgrenzungen, Hassrede (*hate speech*) oder soziale Benachteiligung, von der Menschen in Deutschland betroffen sind, Rassismus nennen, dann komme das einer Verharmlosung des Nationalsozialismus gleich. Mein Kollege fand, die gegenwärtige Lebensrealität von *People of Color* – die Gesamtheit der Menschen, die rassistischer Diskriminierung ausgesetzt sind – in Deutschland sei schließlich nicht mit den Verbrechen der Nationalsozialisten vergleichbar. Das ist sicherlich richtig. Dennoch wird man der gegenwärtigen Lage genauso wenig gerecht, wenn man den Begriff Rassismus vermeidet. Eines ist jedenfalls sicher: Über Rassismus in Deutschland zu sprechen ist nicht leicht.

Und dabei kommt in Deutschland vieles zusammen. Ein

Kleine Begriffskunde

Rassismus, rassistische Diskriminierung: In seiner politischen und rechtlichen Bedeutung meint Rassismus jedwede Ausschließung, Ablehnung oder Ungleichheit eines Menschen aufgrund von ethnischer Herkunft, *race*, Hautfarbe, Abstammung, Religion oder des nationalen Ursprungs. Jenseits dessen beschreibt der Begriff aber auch Ideologien über die Höher- und Minderwertigkeit bestimmter Menschengruppen. Die Verbreitung eines solchen Denkens ebenso wie Beleidigungen bezeichnet man als *hate speech*.

Fremdenfurcht (Xenophobie): Rassismus basiert weder auf Furcht noch äußert er sich gegenüber Fremden. Zwar kann das Erzeugen von Angst Rassismus radikaler machen, ihm zugrunde liegen jedoch vor allem Machtstrukturen. Auch wird Rassismus zumeist gegenüber Personen geäußert, die Teil der Gesellschaft

Sprechen über Rassismus ist also zwingend notwendig: Die jüngere Geschichte des Landes ist geprägt vom radikalsten Rassismus und Antisemitismus, nämlich der Zeit des Nationalsozialismus (1933–1945). Aber auch die kurze deutsche Kolonialgeschichte umfasst beispiellose Gewaltakte, insbesondere den Völkermord an den Herero und Nama im heutigen Namibia (1904–1908). Gegenwärtig erleben wir einen ungekannten Aufschwung von Rechtsaußen-Parteien nicht nur in Deutschland, sondern in diversen europäischen Ländern, Menschen lassen ihr Leben auf dem Mittelmeer, während europäische Regierungen ihre Rettung verhindern, Neonazis skandieren 2018 faschistische Parolen offen auf deutschen und somit keine Fremden sind, so wie etwa im Falle des Antisemitismus oder des deutschen Rassismus gegen ›Menschen mit Migrationshintergrund‹. Der Begriff erklärt sie also erst zu ›Fremden‹ und schließt sie so aus. Der Begriff ›Fremdenfurcht‹ zeichnet so gesehen nicht nur ein falsches Bild von Rassismus, sondern verharmlost ihn auch noch. Denn die Angst vor etwas Fremdem ist eine zutiefst natürliche Reaktion; Rassismus hingegen nicht.

Ausländerfeindlichkeit: Ähnlich wie Fremdenfurcht suggeriert ›Ausländerfeindlichkeit‹, dass sich Rassismus nur gegen eine spezifische Gruppe richtet, ja dass es diese Gruppe überhaupt gibt. Der Begriff Ausländerfeindlichkeit hatte seine Hochphase in den 1990er Jahren während der Anschläge und Pogrome gegen Geflüchtetenunterkünfte. Schon damals gab es vonseiten linker Aktivist_innen heftige Kritik am Begriff »Ausländerfeindlichkeit«, der die radikale Gewalt verharmlose.

Straßen und Thilo Sarrazin hat mit seinem jüngsten Buch erneut die Bestsellerlisten erobert. Daneben existieren aber auch weniger offensichtliche Formen der Ausschließung und Ablehnung im Alltag, welche die #MeTwo-Debatte in den sozialen Medien offengelegt hat. Den Überblick zu bewahren und das Thema Rassismus einzugrenzen, fällt angesichts der Vielzahl an Phänomenen schwer.

In Deutschland war der Begriff »Rassismus« im Gegensatz zum angloamerikanischen Sprachraum – umso überraschter war ich vom Einwand meines Kollegen – bis in die 2000er Jahre hinein reserviert für rechtsradikale Gewalt und Ideologien, die sich ausdrücklich auf die biologische Vermessung des Men-

Race: Im Gegensatz zur deutschen Übersetzung hat der englische Begriff *race* durch die intensive Auseinandersetzung mit Rassismus seine Bedeutung verändert. *Race* bezieht sich nicht allein auf die Ideologie biologischer Unterschiede, sondern trägt das Bewusstsein in sich, dass *race* als soziale Konstruktion gleichermaßen körperliche, kulturelle oder fiktive Differenzen umfasst. Daher wird auch in deutschen Texten häufig der Begriff *race* anstelle seines deutschen Pendants verwendet.

Rassifizierung/racialisation: Noch stärker als *race* macht der Begriff der Rassifizierung darauf aufmerksam, dass erst soziale Prozesse den ›Anderen‹ im rassistischen Diskurs hervorbringen. Auch mit der Erfahrung, zu einer stigmatisierten Gruppe zu gehören, wird niemand geboren, sondern sie wird erst im Laufe des Lebens erworben. Rassifizierung ist von seiner Semantik her der treffendste Begriff, um zu beschreiben, wie Rassismus wirkt.

schen beziehen. Diese krassen Ausprägungen des Rassismus haben im Jahr 2018 auf Demonstrationen eine neue und bedrohliche Sichtbarkeit erlangt. Doch es gibt auch viele andere Formen der Diskriminierung. Schließlich lehnen die allermeisten Menschen solche radikalen Rassismen zwar ab, postulieren aber die Unvereinbarkeit von Kulturen, sprechen bestimmten Gruppen die ›Integrationsfähigkeit‹ ab oder äußern ihre Ressentiments in scheinbar beiläufigen Mikroaggressionen.

Dennoch spricht vieles dafür, trotz der Vielzahl und Verschiedenheit der Phänomene beim Begriff des Rassismus zu bleiben. Denn Rassismus, und sei er noch so subtil, findet

Person/People of Color: Unabhängig von der Hautfarbe bezeichnet dieser Begriff alle Personen, die von rassistischer Diskriminierung betroffen sind oder sein könnten. Der Begriff etablierte sich in den 1970er Jahren im angloamerikanischen Raum im Kontext der Bürgerrechtsbewegung.

Black/Schwarz: Ebenso wie bei *People of Color* handelt es sich bei Black bzw. Schwarz im Deutschen um gewählte Selbstbezeichnungen. Um zu verdeutlichen, dass es sich bei Black/Schwarz nicht um die Hautfarbe, sondern um eine soziale Kategorie handelt, werden beide Begriffe großgeschrieben. Im Sprechen über Rassismus sollte immer auf Selbstbezeichnungen der Communities zurückgegriffen werden, da die meisten anderen Bezeichnungen selbst Produkte rassistischer Diskurse sind und daher rassistische Vorstellungen vielmehr reproduzieren, als gegen sie einzutreten.

nicht in einem geschichtsfreien Raum statt. Viele der tiefsitzenden Vorurteile haben historische Vorläufer, wir haben es also mit alten rassistischen Ideen in neuen Gewändern zu tun. Und auch wenn Rassismus heute glücklicherweise nicht die Radikalität vergangener Zeiten besitzt, so ist die Wirkung, die von ihm ausgeht, dennoch gewaltsam. Rassismus durch einen anderen Begriff zu ersetzen, hieße, die von ihm ausgehende Gewalt und Existenzbedrohung zu bagatellisieren.

Die Anekdote aus Berkeley verdeutlicht aber auch, dass die Frage »Was ist Rassismus?« ebenso diskutiert werden muss wie die, welche Mittel gegen ihn ergriffen werden sollten. Das ist nämlich selbst dann nicht unstrittig, wenn man sich über die Existenz rassistischer Diskriminierung einig ist und ebenso darüber, dass diese keine Daseinsberechtigung hat. Nicht nur in der Öffentlichkeit, sondern auch in der Politik und Forschung wird über solche Schwierigkeiten debattiert. Und tatsächlich stehen wir heute vor der Herausforderung, dass viele unterschiedliche Facetten des Rassismus zur selben Zeit nebeneinander existieren und unterschiedliche Zugänge erfordern. Ja, es sind turbulente Zeiten.

Im Grunde ist es aber nicht zentral, genau zu definieren, ab wann man von Rassismus sprechen sollte. Über die Jahrzehnte der rassismuskritischen Forschung hinweg sind so viele und so unterschiedliche Definitionen entstanden, dass eine Diskussion kein Ende fände. Und so funktioniert Rassismus auch nicht – oder besser: heute nicht mehr. Wesentlicher als die Frage, ob die in den Begriffen wie ›Integration‹ und ›Migrationshintergrund‹ enthaltenen Kategorien und Trennungen bereits zum Rassismus gehören oder dieser erst danach beginnt, ist es für mich, die Zusammenhänge zu verstehen. Mich interessiert, wie solche begrifflichen Sondierungen Vorurteile, soziale Ausschließung und Gewalt vorbereiten. Ohne derartige Grenzziehungen könnte der rassistische Diskurs gar nicht existieren.

Abwertende Darstellungen von Migrant_innen und Migration als gefährlich, kriminell oder kulturell ›anders*artig*‹ bereiten den Nährboden für eine gesellschaftliche Radikalisierung, und Begriffe wie »Flüchtlingswelle« und in die Sozialsysteme einwandernde »Wirtschaftsflüchtlinge« fördern die Akzeptanz für Verbrechen gegen die Menschlichkeit. Denn immer, wenn wir auf eine solche Weise anfangen, über Menschen zu sprechen, steht das Menschliche selbst bereits auf dem Spiel. Man kann Rassismus nur entgegentreten, wenn man bereit ist, sich ein unabschließbares Unterfangen vorzunehmen: Wenn man bereit ist, seine Komplexität kennenzulernen und dabei zu akzeptieren, dass man nicht auf abschließende Antworten treffen wird. Dieses Buch ist eine Einladung, sich dem Thema zu nähern und Rassismus entgegenzutreten.

Wann beginnt Rassismus?

Wo fängt Rassismus an, wann wird er spürbar? Dass es schwer fällt, diese Frage spontan zu beantworten, liegt daran, dass es sich eigentlich um eine Fangfrage handelt. Denn erstens besitzt Rassismus in einem zeitlichen Sinne keinen Anfang; vielmehr ist er als Phänomen zeitlos. Als ein Meister der Wandlung hat er seine Gestalt durch die Jahrzehnte hindurch dennoch verändert; Ideologien der biologischen Differenz sind der vermeintlichen Unvereinbarkeit von unterschiedlichen Kulturen und Religionen gewichen. Manifester Rassismus in Gesetzestexten und Staatlichkeit ist nahezu verschwunden, heute verbirgt er sich in häufig unausgesprochenen Meinungen, Einstellungen und Emotionen. Diese subtilen Ausprägungen des Rassismus, die laut der UN eine der größten Herausforderungen im Kampf gegen gegenwärtigen Rassismus darstellen, sind besonders unauffällig. Sie geben sich nicht selbst zu erkennen, machen ihre Intention nicht explizit und häufig bedürfen sie auch keiner Begründung. Vielmehr erschaffen sie Bilder des ›Anderen‹ und organisieren Emotionen oder Assoziationen um sie herum. Der heutige Rassismus erschafft moderne Mythen des ›Anderen‹.

Wenn wir nun den Blickwinkel von einer historischen auf

eine persönliche Perspektive verschieben und danach fragen, wann wir mit diesen neuartigen, latenten Formen des Rassismus in unserer Erfahrung und Biografie in Berührung gekommen sind, dann stoßen wir auf eine wesentliche Problematik: Eben weil der heutige Rassismus häufig subtil ist, bleibt er vielen gänzlich verborgen, während andere die Konfrontation mit dieser Form rassistischer Diskriminierung als Bestandteil ihres alltäglichen Lebens beschreiben. Das Wissen über alltäglichen Rassismus ist also recht ungleich verteilt – jene, die Rassismus erleben, wissen über ihn Bescheid, doch die Mehrheitsgesellschaft bleibt häufig ahnungslos oder bestreitet seine Existenz sogar. Wenn wir also dem Phänomen des Alltagsrassismus nachgehen wollen, setzt das vor allem voraus, dass wir bereit sind, den Expert_innen für Alltagsrassismus zuzuhören und von jenen, die unfreiwillig ein umfängliches Wissen über ihn erlangt haben, zu lernen.

Die Twitter-Debatte #MeTwo war ein solcher Vorstoß, um den Fokus der Öffentlichkeit auf Alltagsrassismus zu richten und über dessen Existenz in Deutschland aufzuklären. In Anschluss an die Sexismusdebatte #MeToo rief der Aktivist Ali Can den Hashtag #MeTwo im Sommer 2018 ins Leben. Zuvor hatte der mit dem Integrationsbambi ausgezeichnete Nationalspieler Mesut Özil aufgrund von Rassismuserfahrungen die deutsche Nationalmannschaft verlassen. In einem Internetvideo sagte Ali Can, es brauche »eine #MeToo-Debatte für Menschen mit Migrationshintergrund«.

Sein Appell hatte Erfolg. Innerhalb von einer Woche wurde mehr als 50 000 mal, zeitweise im Sekundentakt, unter #MeTwo über Alltagsrassismus getwittert. Die überwältigende Zahl der Wortmeldungen zeigt, wie notwendig eine Debatte um Alltagsrassismus in Deutschland ist. Die Tweets erzählen von persönlichen Erlebnissen und sind kurze Lektionen darüber, welche Formen gegenwärtiger Rassismus annimmt, in welchen Sätzen und Handlungen er steckt. Es sind Szenen aus dem Alltag, Geschichten vom Sport, von der Arbeit, vom Einkaufen und – ein überwältigender Teil – aus der Schulzeit. Die Tweets machen deutlich, dass Rassismus sich nicht immer in offener Gewalt äußern muss, sondern sich auch in tief verwurzelten Denkmustern, Einstellungen und Vorurteilen verbirgt, die sich in den beschriebenen Szenen ausdrücken.

Die folgenden Originaltweets der #MeTwo-Debatte machen deutlich, dass sich Alltagsrassismus auf unterschiedlichste Weise gegen verschiedene Personen richten kann. Die in ihnen geschilderten Situationen haben auf den ersten Blick kaum etwas gemeinsam – gerade deswegen eignen sie sich dazu, etwas über die verschiedenen Aspekte des Alltagsrassismus zu lernen. Hören wir also zu!

> »Du siehst ja nicht so schwarz aus, zumindest checkt bestimmt niemand, dass du »halb« aus Afrika kommst«
> Wo fange ich da nur an?
> *Afrika ist ein Kontinent.
> *Ich komme nirgends »halb« her, sondern aus Koblenz
> *Wieso soll ich froh sein, nicht »so schwarz« zu sein!? #MeTwo
>
> – Giorgina Kazungu-Haß @KazunguHass 26. Juli 2018

Dieses erste Beispiel deckt auf, dass der Eurozentrismus immer noch ein verbreitetes Denkmuster ist. Dass Afrika als Ganzes und nicht als ein Kontinent aus 53 sehr unterschiedlichen Staaten wahrgenommen wird, ist etwas, das wir allzu häufig im Alltag wie in den Medien antreffen. Obwohl der afrikanische Kontinent flächenmäßig ganz Europa, die USA und China aufnehmen könnte, wissen viele Europäer über Afrika in Kontrast zu etwa Nordamerika sehr wenig. Diese Asymmetrie in der Wahrnehmung von ›westlichen‹ und ›nicht-westlichen‹ Staaten ist dabei keinesfalls zufällig.

Der Soziologe und Rassismusforscher Stuart Hall (1932–2014) hat mit dem Stichwort »The West and the Rest« die historische Entwicklung eines eurozentristischen Weltbildes nachgezeichnet, in dem der sogenannte ›Westen‹ als Nabel der Welt gilt. Seit der Zeit des Kolonialismus hat sich Europa nicht nur als ökonomisches und politisches, sondern auch als kulturelles und zivilisatorisches Zentrum imaginiert. Der ›Rest‹ wurde dabei zu einem Randgebiet, das einerseits gewaltsam ausgebeutet und andererseits lediglich im Rahmen vom Westen geschaffener Stereotype anerkannt wurde. Diese Klischees reichen vom ›Exotischen‹ bis hin zur Rede von einer zivilisatorisch, ökonomisch und kulturell rückständigen ›Dritten Welt‹. Zwischen dem ›Westen‹ und dem ›Rest‹ gibt es keine natürliche Grenze, sondern die Unterscheidung wurde erst in den kolonialen Diskursen gesetzt und hat sich bis heute häufig verschoben. Die während der Kolonialherrschaft geschaffenen Bilder und Machtasymmetrien sind bis heute in Wissenspolitiken und alltäglichen Bildern deutlich spürbar.

Zum Eurozentrismus gehört auch die ablehnende Wahrnehmung der afrikanischen Bevölkerung als Gegensatz der westlichen Zivilisation und des Fortschritts, sie gilt oft als ›rückständig‹ oder ›wild‹. Wie sehr diese Stereotype in unser Denken vorgedrungen sind, zeigt die Symbolik der Nichtfarben Schwarz und Weiß, die in unseren Sprachgebrauch und damit in unsere Wahrnehmung eingegangen ist. Begriffe wie Schwarzfahren, schwarze Magie, schwarzer Tod und weiße

Weste, Weißes Haus zeigen, dass Schwarz unweigerlich mit Abwertung verknüpft wird. Die Symbolik von Schwarz und Weiß besitzt eine ins christliche Mittelalter zurückreichende Geschichte, die von den rassistischen Lehren im 18. und 19. Jahrhundert aufgegriffen wurde. Diese latente Vorstellung einer Höherwertigkeit des ›weißen‹ Westens wird in Alltagsrassismen gegen Afrodeutsche spürbar.

In ihr steckt auch die Idee, dass Schwarze Menschen, obwohl sie seit dem 18. Jahrhundert Teil der deutschen Bevölkerung sind, nicht als Deutsche gelten können. Afrodeutsche berichten davon, dass sie häufig mit Fragen nach ihrer Herkunft konfrontiert werden oder ihnen auf Englisch geantwortet wird, selbst wenn sie Deutsch sprechen.

> Politikunterricht 9. Klasse Lehrer zieht über Erdogan her Ich, so ziemlich einziger Kanacke in der Klasse »Oh Maryem bei dir müssen wir ja darauf achten, was wir so über Erdogan erzählen« … Herr Schmitz ich stamme aus Pakistan »Ja trotzdem« #MeTwo
>
> May @mary005111 – 26. Juli 2018

Rassismus ist auch ein Meister der Simplifizierung. Der Schülerin wird nicht nur abgesprochen, Teil der deutschen Gesellschaft zu sein, ihre Herkunft wird auch gleich in einen anderen Teil der Welt verlagert, woraus in einem dritten Schritt auf ihre politische Einstellung geschlossen wird. Fälschlicherweise wird von Rassismus oft behauptet, er drücke Angst oder Ressentiments gegenüber dem Fremden aus – so legt es der Begriff der ›Fremdenfeindlichkeit‹ zum Beispiel nahe. Dieses Beispiel zeigt hingegen: Es geht nicht darum, dass die Schülerin fremd ist; im Gegenteil scheint der Lehrer sie ganz genau zu kennen.

Sein Rassismus wurzelt lediglich in der Tatsache, dass er seine Schülerin als ›Migrantin‹ wahrnimmt. Nahezu automatisch wird ein Stereotyp des ›Migranten‹ projiziert. Dass Menschen, die als Migrant_innen wahrgenommen werden, nicht mehr als ein Individuum gelten, das über die eigene Identität, Einstellung und Eigenschaften selbst verfügen darf, sondern dass ihre Identität verallgemeinert wird, ist einer der häufigsten Mechanismen des Alltagsrassismus. Wie feststehend diese Stereotype sind, zeigt sich an dem Umstand, dass berechtigte Widersprüche nicht akzeptiert werden.

> Lange Schlange an der Kasse. Ich sag zum älteren Mann hinter mir: »Sie können ruhig vor.« – »Nein danke, ich habe dich lieber im Blick.« #MeTwo
>
> Abdelkarim @AbdelkarimsLP – 26. Juli 2018

Offenbar ist der »ältere Mann« um seine Sicherheit besorgt und nimmt seinen Vordermann an der Kasse als bedrohlich wahr. Die Vorstellung, dass von (vermeintlichen) Zuwanderern eine Gefahr für die Gesellschaft ausgehe, dass die innere Sicherheit womöglich auf dem Spiel stehe, ist nicht nur ein vielbeschworenes Bild in den Migrationsdebatten, insbesondere wie sie seit dem Zuzug von Geflüchteten im Sommer 2015 geführt werden. Es handelt sich auch um ein Bild, das in der Geschichte des Rassismus tief verwurzelt ist. Das Element der Kriminalisierung hat beispielsweise die Philosophin Hannah Arendt (1906–1975) ins Zentrum ihrer Analysen des Nationalsozialismus gestellt. Die Kriminalisierung von bestimmten Bevölkerungsgruppen sei eine zentrale Strategie bei der Errichtung der ersten Konzentrationslager gewesen, die noch nicht der Vernichtung, sondern ›nur‹ der Internierung dienten. Wurden unter »Schutzhaft« zu Beginn noch lediglich tatsächliche Kriminelle gestellt, weitete sich in der Propaganda die Bedrohung auf mehr und mehr Bevölkerungsgruppen aus: Plötzlich waren auch politische Gegner, Sinti und Roma sowie Deutsche jüdischen Glaubens eine Gefahr. »[M]an behaupt[et], es mit jemandem zu tun zu haben, der ein Verbrecher ist, unabhängig davon, was er tut oder läßt«, schreibt Arendt. Die inszenierte Bedrohung legitimierte das außerordentliche Handeln ungeachtet des geltenden Rechts und rechtfertigte somit die Errichtung der Lager.

Sicherlich sind wir weit davon entfernt, ganze Bevölkerungsgruppen zu kriminalisieren. Dennoch ist es erstaunlich, wie viele Begriffe kursieren, die eine Verschränkung von Herkunft oder Zuwanderung und Kriminalität nahelegen: So ist etwa seit der Kölner Silvesternacht 2015 der von Polizisten verwendete Begriff des »Nordafrikanischen Intensivtäters« (»Nafri«) im Umlauf, ausschließlich für islamistische mutmaßliche Terroristen ist der Begriff »Gefährder« eingeführt worden und die AfD spricht im Jahr 2018 von »Messermigration«. Der sich in solchen Vokabeln verbergende rassistische Diskurs ist besonders wirkmächtig, da er nicht nur Angst schürt, sondern auch Täter- und Opferrolle vertauscht.

Aus der #MeTwo-Debatte haben wir gelernt, dass Rassismus keine Ausnahme, kein Fehler in einem an sich gut funktionierenden System ist. Er ist vielmehr fester Bestandteil einer gesellschaftlichen Normalität in Deutschland. Lediglich aufgrund der Hautfarbe, der Sprache oder des Namens erfahren bestimmte Menschen Ablehnung und Ausgrenzung oder werden mit Vorurteilen konfrontiert. Feindbilder, die etwa in Politik und Medien hervorgebracht werden, finden sich allzu häufig auch in alltäglichen Diskriminierungen wieder. Nicht

> »Der Rassismus ist die verallgemeinerte und verabsolutierte Wertung tatsächlicher oder fiktiver Unterschiede zum Nutzen des Anklägers und zum Schaden seines Opfers, mit der seine Privilegien oder seine Aggressionen gerechtfertigt werden sollen.«
>
> Albert Memmi – Rassismus

immer werden solche Mechanismen bewusst angewendet, im Gegenteil liegt es in der Natur des Rassismus, dass er dort am vehementesten wirken kann, wo wir ihn am wenigsten vermuten. Das ist etwa der Fall, wenn er beispielsweise Teil unserer unhinterfragten Vorstellung von uns selbst und ›den Anderen‹ geworden ist, sich in das Wertesystem einer Gesellschaft eingeschlichen hat oder sich sogar in Diskursen der Toleranz verbirgt.

Dabei kursieren im Alltag verschiedenste Motive der Ablehnung, die häufig Produkte der langen Geschichte des Rassismus sind oder zumindest auf diese verweisen. Mal werden Bilder eines unterentwickelten Afrika, wie sie auch in Deutschland durch die Kolonialzeit geprägt wurden, mobilisiert, mal die vielfältigen Narrative des antimuslimischen Rassismus beschworen, oder es wird einfach nur die imaginierte kulturelle Homogenität des Deutschen gefordert. Auch das gehört zum heutigen Rassismus, dass er nicht gleichförmig ist, sich nicht immer gegen eine bestimmte Gruppe äußert, sondern höchst unterschiedliche Gesichter haben kann. Gemeinsam ist ihnen allen jedoch, dass sie aussagen: Du gehörst nicht dazu!

Greifen wir die Frage »Wo fängt Rassismus an?« noch einmal in einem strukturellen Sinne auf, dann sehen wir, dass dieses »Du gehörst nicht dazu!« die Grundaussage rassistischer Diskurse darstellt. Wie Albert Memmi es formuliert, stellt der Rassismus Unterschiede fest. Dies können tatsächliche Merkmale wie Hautfarbe, der Name oder die Sprache oder eben auch fiktive Merkmale sein, die erfunden werden, um das ›Andere‹ zu markieren. Wesentlich ist, dass diese Unterschiede in einer verabsolutierenden Weise interpretiert werden. Dass kein Mensch dem Anderen gleicht, dass manche besonders viele Haare, andere große Füße haben, dass manche Frühaufsteher sind und die einen Klassik, die anderen Death Metal hören, ist eine banale Erkenntnis, aus der wir keine Konsequenzen ableiten würden. Genau solche Schlüsse zieht aber der Rassismus. Er ordnet Menschen in gegensätzliche Kategorien ein und weist ihnen ebenso gegenläufige Eigenschaften zu. »Die ausgeschlossene Gruppe verkörpert das Gegenteil der Tugenden, die die Identitätsgemeinschaft auszeichnet«, schreibt Stuart Hall zu diesem Prozess. Im Rassismus werden somit nicht nur Aussagen, Bilder und Urteile über die ausgeschlossene Gruppe geschaffen, sondern diese Aussagen knüpfen an die Imagination dessen an, welche Eigenschaften die Gemeinschaft besitzt, von der diese Unterscheidung erst ausgeht. Die Abwertung des ›Anderen‹ ist somit zugleich die Aufwertung der ›eigenen‹ Identität. Aus diesem Grund sind rassistische Vorstellungen so tragfähig und schwer zu bekämpfen. Denn Einspruch gegen sie zu erheben, heißt, die Identität der Mehrheitsgesellschaft zu destabilisieren und ihre positiven Eigenschaften anzuzweifeln.

Das Spektrum der Stereotype reicht dabei von belanglosen Eigenschaften wie der ›deutschen Pünktlichkeit‹ und dem ›anderen Zeitgefühl der Migranten‹ über die ›mangelnde Disziplin‹ und ›Heißblütigkeit der Südländer‹ bis dahin, dass man bestimmten Gruppen Kompetenzen unterstellt oder abspricht. Immer schließen die so gebildeten Klischees ihr Gegenteil aus und kennen keine Ausnahme. Rassismus erschafft dadurch einfachste Urteile in einer komplexen Welt. Auch deswegen eignet sich die im rassistischen Diskurs ausgeschlossene Gruppe hervorragend für Projektionen von sozialen Problemen: Für den Mangel an Arbeitsplätzen, Kriminalität oder auch Frauenfeindlichkeit werden einfach die ›Anderen‹ verantwortlich gemacht, obwohl dies im Kern traditionelle Probleme der Mehrheitsgesellschaft sind.

Rassismus kommt also einem Bedürfnis nach, sich der eigenen Identität zu vergewissern, und verklärt diese sogar. Man könnte an dieser Stelle anmerken, dass so ein Bedürfnis nicht weiter schlimm, ja, vielleicht sogar menschlich sei. Selbst die Abgrenzung gegen einen selbst geschaffenen ›Anderen‹ könnte man vielleicht noch legitim finden. Die Problematik ist jedoch, dass hinter dem erdachten ›Anderen‹ immer Menschen stehen und sich an die imaginierte Ausschließung auch eine tatsächliche Ausgrenzung anschließt. Auch davon hat die #MeTwo-Diskussion Zeugnis abgelegt. Rassismus und ebenso die durch ihn definierten In- bzw. Out-Groups sind soziale Konstruktionen, nichts entspricht ihnen in der Realität.

Das heißt aber nicht, dass von diesen (Vor-)urteilen keine reale Wirkung ausgehen würde. So wie sich Vorurteile, die in den Medien hervorgebracht werden, in Mikroaggressionen im Alltag ausdrücken, bereiten die erfundenen rassistischen Stereotype und Narrative eine tatsächliche soziale Ausschließung vor. Will man also gegen Rassismus tätig werden, dann muss man sich diesen Denkmustern widmen. Hat man aufgedeckt, wo in unserem Wertesystem und Kategorien, auf die wir uns tagtäglich beziehen, sich der Rassismus verbirgt, kann man dessen Mechanismen aufbrechen.

Der Philosoph Etienne Balibar (*1942) hat in seinen Analysen zum Neorassismus gezeigt, dass sich der heutige Rassismus vordergründig gegen »Immigranten« selbst richtet, jene Personen also, die neudeutsch als »Menschen mit Migrationshintergrund« bezeichnet werden. Der Begriff ist uns allen geläufig, und wir nehmen an, dass wir seine Bedeutung genau kennen. Dem ist aber nicht so. Vielmehr lässt sich anhand dieser Kategorie illustrieren, wie das Erzeugen des Anderen, das *Othering*, sich vollzieht und wie sich an die Etablierung einer fiktiven Grenze Bilder des ›Eigenen‹ und ›Anderen‹ anknüpfen:

Das Heilbronner Lokalblatt titelte 2013: »Kaum eine Stadt ist bunter«. Fast jeder zweite Heilbronner habe eine Zuwanderungsgeschichte; im Bevölkerungsquerschnitt seien es genau 46,1 Prozent. Will man eine Prognose für die nächsten zehn bis zwanzig Jahre wagen, dann ergibt sich ein überraschendes Bild: Denn je jünger die Heilbronner sind, desto größer ist die Wahrscheinlichkeit, dass sie einen Migrationshintergrund besitzen. Bei den Sechs- bis Zehnjährigen haben schon 70 Prozent »eine ausländische Herkunft« und bei den unter Dreijährigen sind es sogar 73 Prozent. Heilbronn sieht sich mit einer Integrationsaufgabe konfrontiert; die Integrationsbeauftragte wirbt angesichts solcher Zahlen für Deutschkurse für die Allerjüngsten, denn von der Sprache hänge »ein Gelingen von Integration« ab.

Tatsächlich kreieren diese Zahlen ein missverständliches Bild. Denn nur 60 Prozent der ›bunten Heilbronner‹ sind tatsächlich nach Deutschland emigriert – die meisten von ihnen haben das außerdem bereits vor mehr als zwanzig Jahren getan, nur zwölf Prozent kamen innerhalb der letzten 10 Jahre. Knapp 40 Prozent der Heilbronner »mit Zuwanderungsgeschichte« sind hingegen in Deutschland geboren. Mehr als zwei Drittel der allerjüngsten Heilbronner, die mit Migrationshintergrund im Mikrozensus erfasst werden, sind die Nachfahren der Arbeitsmigrant_innen, die in der zweiten Hälfte des 20. Jahrhunderts meist aus Südeuropa und der Türkei nach Deutschland kamen. Sie sind in Deutschland geboren worden, werden in Deutschland aufwachsen und die Schule besuchen. Wieso werden Menschen, die kulturelle und sprachliche Einheimische sind, überhaupt mit einem Migrationshintergrund erfasst und entsprechend bezeichnet?

> Eine Person hat einen Migrationshintergrund, wenn sie selbst oder mindestens ein Elternteil nicht mit deutscher Staatsangehörigkeit geboren wurde. Im Einzelnen umfasst diese Definition zugewanderte und nicht zugewanderte Ausländer, zugewanderte und nicht zugewanderte Eingebürgerte, (Spät-)Aussiedler sowie die als Deutsche geborenen Nachkommen dieser Gruppen.
>
> (Definition des Migrationshintergrundes beim Statistischen Bundesamt)

Der Migrationshintergrund hat also nur recht wenig damit zu tun, dass man selbst tatsächlich zugewandert ist. Er sagt nichts darüber aus, ob man tatsächlich eine Migrationserfahrung besitzt, und noch weniger darüber, was nach der Migration geschah (und gemeinhin mit »Integration« umschrieben wird). Den Migrationshintergrund bestimmt allein die Staatsbürgerschaft – und zwar nicht die eigene, sondern die der Eltern. Das Deutsche Staatsbürgerschaftsrecht fußt auf dem *ius sanguinis*, dem Recht des Blutes. Man erhält die deutsche Staatsbürgerschaft qua Abstammung, nämlich dann, wenn mindestens ein

Elternteil die deutsche Staatsbürgerschaft selbst innehat. Die Definition des Migrationshintergrunds verkehrt nun den Blick und fragt nicht, ob ein Elternteil ›deutsch‹, sondern, ob er ›nicht deutsch‹ ist. Da sie sich nicht am Ist-Zustand, sondern am Zeitpunkt der Geburt der Eltern orientiert, bezieht sie zugleich auch die Nationalität der Großelterngeneration mit ein.

Das kann mitunter zu absurden Konstellationen führen, etwa dann, wenn Kinder einen Migrationshintergrund haben, obwohl die Familie bereits seit mehreren Generationen in Deutschland lebt – nur weil ein Elternteil die deutsche Staatsbürgerschaft erst im Laufe seines Lebens erworben hat. Im Gegensatz dazu fallen Kinder von Eltern mit deutscher Staatsbürgerschaft, die im Ausland geboren wurden und einen Teil ihrer Kindheit und Jugend dort verbracht haben, nicht unter die Rubrik Migrationshintergrund, obwohl die Migration tatsächlich Teil ihrer Biografie ist.

An diesem Kontrast wird deutlich, dass der Migrationshintergrund wenig statistischen Aussagehalt besitzt. Was der Migrationshintergrund aber leistet, ist, dass er eine Grenze zwischen Migrant_innen und Deutschen zieht. Sowohl in den Köpfen als auch in der Presse wird das Wort »Migrationshintergrund« allzu leicht assoziiert mit »ausländisch«, »Ausländer« oder »Migrant«, häufig wird es sogar synonym verwendet. Und das hat einen Grund: Der Migrationshintergrund wurde nur wenige Jahre nach der Einführung der Einbürgerungsgesetze erstmals statistisch erhoben. Wo es zuvor rechtlich nur »Deutsche« und »Ausländer« gab, erfasst der Migrationshintergrund nun auch jene Personen und deren Nachfahren, welche die deutsche Staatsbürgerschaft erworben haben. In gewisser Weise trat »Migrationshintergrund« also an die Stelle, an der zuvor »Ausländer« zu lesen war. Der Begriff erhält somit eine Grenze zum Deutschsein über Generationen hinweg aufrecht. Dem Migrationshintergrund liegt eine Vorstellung von Deutschsein zugrunde, die sich einzig auf Abstammungslinien beruht. Deutschsein hätte demnach nichts mit der Sprache, der Sozialisation oder dem Geburtsort zu tun, sondern entspräche am ehesten der Idee der Ethnie, also einer engen Verbindung von biologischer Herkunft, Kultur und Region.

> In den vergangenen Jahren kam die politisch korrekte Bezeichnung ›Mensch mit Migrationshintergrund‹ auf. Ganz ehrlich: Ich bin in Deutschland aufgewachsen, das ist das Land, in dem ich leben möchte, in dem ich meinen Beruf als Journalistin ausüben kann, und die ersten 35 Jahre meines Lebens war ich Hatice Akyün. Jetzt bin ich ein ›Mensch mit Migrationshintergrund‹. Ich will nicht abgestempelt werden, ich will keinen Hintergrund.
>
> Die Journalistin Hatice Akyün in einem Interview mit der *Frankfurter Rundschau* (29. Januar 2009)

Hatice Akyün beschreibt ihre Erfahrung mit dem Migrationshintergrund als eine Entfremdung. Ihre Selbstbestimmung über die eigene und individuelle Identität sei durch die Zuweisung einer kollektiven Identität, nämlich der der ›ewigen Migrantin‹ ersetzt worden. Obwohl die genaue Definition des Migrationshintergrundes uns im alltäglichen Gebrauch häufig weder bewusst ist noch von den Sprechern angewendet wird, entspricht die in ihm beheimatete Vorstellung eines auf Abstammung basierenden Deutschseins dem Weltbild, das alltagsrassistische Ausgrenzung prägt. Im Gegensatz zum Migrationshintergrund ist die Erfahrung, als ›Migrant‹ wahrgenommen oder stigmatisiert zu werden, allerdings keine vererbte. In

Anlehnung an Simone de Beauvoirs berühmten Satz »Man ist nicht als Frau geboren, man wird es«, lässt sich sagen: Man wird ›zum Migranten gemacht‹ durch die alltäglichen Erlebnisse rassistischer Ausgrenzung.

Der Migrationsforscher Mark Terkessidis (*1966) hat in Interviews mit Migrant_innen der zweiten Generation herausgearbeitet, dass viele unter ihnen eine Art »Urszene« benennen können, in der ihnen als Jugendlichen das Nicht-Dazugehören schlagartig bewusst geworden ist. In diesem Moment fühlten sie sich der Selbstverständlichkeit, ein Teil der deutschen Gesellschaft zu sein, beraubt. Im Zentrum stand dabei häufig eine harmlos anmutende Frage: »Woher kommst Du?«. Terkessidis' Studie stammt aus den frühen 2000er Jahren. Meine Studierenden haben mir erzählt, dass statt »Woher kommst Du?« inzwischen mitunter auch gefragt wird: »Was sind Deine Wurzeln?«, »Woher stammt Dein Name?« oder »Woher kommen Deine Eltern?«. All diesen Nachforschungen ist gemein, dass sie Auskunft über die Abstammung einfordern. Zugleich signalisieren sie, dass jemand, so wie er oder sie ist, nicht deutsch ist oder vielmehr sein kann.

Das Besondere an dieser Frage »Woher kommst Du?« ist nämlich, dass in dieser speziellen Konstellation Duisburg, Albstadt oder Berlin als Erwiderung nicht akzeptiert werden. Erwartet werden Antworten wie Anatolien, Italien oder Namibia. In den Interviews wurde häufig beschrieben, wie etwa Lehrer_innen und Mitschüler_innen anfingen zu lachen, wenn die Antwort nicht ihre Erwartungen erfüllte. Neben der Demütigung erfuhren die Jugendlichen so, dass sie anders seien als die Anderen und auch, dass sie keinen angestammten Platz in der Gesellschaft innehätten, sondern aus Sicht der Mehrheitsgesellschaft eigentlich an einen anderen Ort gehörten. Diese Reaktionen erfuhren übrigens nicht nur Kinder, deren Eltern beide nach Deutschland emigriert sind, sondern auch solche, die einen deutschen Elternteil haben. Ein Verweis auf das Herkunftsland des emigrierten Elternteils ist sogar die Regel.

Diese alltäglichen Ausgrenzungen durch die Frage »Woher kommst Du?« folgen der Idee, dass nationale Zugehörigkeit im Grunde einer ethnischen Abstammungslinie folge und dass jede ethnische Gemeinschaft auch ihr angestammtes Territorium auf der Welt habe. Es gibt also einen »Mythos der eigentlichen Herkunft«, wie Terkessidis ihn nennt, der nichts mit dem Ort der Geburt oder des Aufwachsens zu tun hat, sondern wie die deutsche Staatsbürgerschaft und der Migrationshintergrund aus dem »Recht des Blutes« resultiert.

Die Kategorie der Ethnie bindet nicht nur biologische Abstammung und Ort aneinander, sondern umfasst gleichsam auch die Kultur. Für die Jugendlichen drückt sich das in einer abwechselnden Konfrontation mit Vorurteilen über ihr ›Herkunftsland‹ und mit einem angenommenen Defizit in Hinsicht auf die deutsche Kultur und Sprache aus. Den Satz »Du sprichst aber gut Deutsch« bekamen viele nicht nur während ihrer Schulzeit zu hören, sondern selbst noch nach Schulabschluss und Studium, wie zahlreiche Tweets der #MeTwo-Debatte gezeigt haben. In Bezug auf die ihnen zugewiesene »eigentliche Herkunft« wird den Jugendlichen ihr individuelles Wesen abgesprochen und durch Stereotypen ersetzt. Wenn sie etwa gegen die Zuweisungen von außen aufbegehren, wird ihnen ein ›südländisches Temperament‹ unterstellt, mit dem ihr Widerspruch zugleich im Keim erstickt wird.

Ihr Charakter scheint einerseits vorgezeichnet durch die diskriminierenden Vorurteile, die sich in Deutschland etabliert haben, andererseits werden sie häufig aufgefordert, zu den ›Problemen‹, die sich generell durch Migration ergäben, Stellung zu beziehen. Besonders deutlich wird dies im antimuslimischen Rassismus. Yasemin Shooman (*1980) hat gezeigt, wie sich ein Diskurs herausgebildet hat, in dem der Islam und Muslim_innen als rückständig, gewaltbereit und antiliberal gelten. Von Rassismus Betroffene werden in eine Art Sippenhaft genommen, sie müssen also ständig versichern, dass sie trotz ihrer Herkunft fortschrittlich, friedlich und liberal sind. Diese Bilder sind nicht nur Gegenstand zwischenmenschlicher Kommunikationen, sondern finden auch in öffentlichen Debatten und den Medien weite Verbreitung. Von dort gelangen sie in die Köpfe der Menschen. Entsprechend eklatant ist das Ungleichgewicht zwischen diesen grassierenden Bildern und dem Individuum, das dagegen aufbegehrt. Die deutsche Medienlandschaft ist eine vornehmlich ›weiße‹; Menschen mit sogenanntem Migrationshintergrund sind sowohl unter den Medienschaffenden als auch in den Inhalten selbst deutlich unterrepräsentiert. In den Nachrichten ebenso wie in Unterhaltungsformaten zeichnet sich eine deutliche Negativtendenz ab, wenn es um Themen wie Flucht, Migration oder die deutsche Einwanderungsgesellschaft geht. Die Herkunft wird nämlich immer dann zum Thema, wenn es um Konflikte oder Gefahren geht. Menschen, die zur Gruppe derjenigen mit Migrationshintergrund gezählt werden, sind zumeist diejenigen, über die gesprochen wird statt mit ihnen.

Als im August 2018 etwa die Zahlen des Mikrozensus 2017 veröffentlicht wurden, berichteten die Medien mit Headlines wie »Fast jeder Vierte in Deutschland hat einen Migrationshintergrund« (*Zeit online*), »Zahl der Menschen mit Migrationshintergrund steigt deutlich« (*Deutsche Welle*) oder »Zwei

Megatrends führen zum wachsenden Migrantenanteil« (*Die Welt*). In manchen Artikeln wird die Definition des Migrationshintergrundes erklärt, in anderen ist sie mehr eine Randnotiz, manchmal wird sie gar nicht erläutert. Wirft man einen Blick in die Kommentarspalten, dann bemerkt man aber ohnehin kaum einen Unterschied. Annähernd jeder dritte Kommentar musste durch Moderatoren entfernt werden. Die verbliebenen Kommentare fragen danach, was nur werden solle, wenn die 38 Prozent mit Migrationshintergrund der unter 6-Jährigen volljährig seien, man sei dann ja die Minderheit im eigenen Land. Andere ignorieren die gegebenen Informationen ganz und sprechen von einer aktuellen »Schwemme in unsere Sozialsysteme« oder diskutieren, ob die fälschlicherweise in der Statistik erkannte steigende Migration den Fachkräftemangel beseitigen könne. In kaum einem Kommentar oder Artikel wird deutlich, dass die Zahlen lediglich deshalb so hoch sind, weil die Kategorie »mit Migrationshintergrund« vererbt wird. Je nach Gusto tun sich beim Migrationshintergrund entweder Vorstellungen eines bunten *Melting Pot* oder eines überfremdeten Deutschland auf. Nur die Kategorien selbst werden nicht infrage gestellt.

Diese fiktive, aber stabile, über Generationen weitergereichte Trennung zwischen Deutschen und »Menschen mit Migrationshintergrund« hat auch im politischen Raum weitreichende Konsequenzen. Wie der Zeitungsartikel über den hohen Anteil von »Menschen mit Migrationshintergrund« in Heilbronn zeigt, weckt selbst die zweite und dritte Generation von Migrant_innen noch Assoziationen einer zu bewältigenden Integrationsaufgabe. Als Konzept bedeutet Integration, dass die Minderheit der Migrant_innen in der deutschen Mehrheitsgesellschaft aufgehen soll. Auch im Begriff der Integration, wie er politisch verwendet wird, wird also die Trennung zwischen Deutschen und ›Migranten‹ weiterhin aufrechterhalten. Das, was der Integration dann im Wege zu stehen scheint, versteht die Mehrheitsgesellschaft als die ›Zerrissenheit zwischen zwei Kulturen‹ samt der daraus resultierenden Orientierungslosigkeit, als Heimatverlust oder schlicht als Unvereinbarkeit der Herkunftskultur mit der deutschen Kultur. Mitunter wurde den ›Menschen mit Migrationshintergrund‹ auch eine Bringschuld der Integration zugeschoben bzw. mangelnder ›Integrationswille‹ oder eine mangelnde ›Integrationsfähigkeit‹ unterstellt.

Nur wurde nie definiert, wann denn die ›Integrationsleistung‹ eigentlich erbracht ist, was man also ›geleistet‹ haben muss, um vollwertig integriert zu sein und eine Daseinsberechtigung zu besitzen. Es drängt sich der Verdacht auf, dass die ›gelungene Integration‹ in dieser Hinsicht einem Phantom gleicht, dessen man nicht habhaft werden kann. Mehr noch hat die Debatte um die ›Integrationsschuld‹ den Blick von der Mehrheitsgesellschaft und den darin bestehenden Hemmnissen verdrängt. Weder wurde wahrgenommen, wie Menschen in Debatten um den Migrationshintergrund auch durch das Konzept der Integration selbst erst zu ›Migranten‹ gemacht wurden, noch wurde der Blick auf die strukturellen Rassismen gelenkt. Es ist der Verdienst von Terkessidis' Studie, zu zeigen, dass nicht eine Orientierungslosigkeit zwischen zwei Kulturen oder der Verlust von Heimat, sondern der Alltagsrassismus in den Köpfen und Institutionen das ›Ankommen‹ erschwert.

Viel wird über Migration und ›Menschen mit Migrationshintergrund‹ gesprochen, wenig mit ihnen. Dieses Verhältnis umzukehren, war eines der zentralen Ziele der #MeTwo-Autor_innen. Dabei ging es nicht allein darum, diejenigen zu Wort kommen zu lassen, deren Stimmen in den meisten Debatten ungehört bleiben, sondern zugleich auch darum, den Blickwinkel aller zu verändern. Es wurde nicht mehr ausschießlich auf diejenigen geschaut, die als ›Migrant_innen‹ wahrgenommen werden. Nicht mehr die Migration wurde als »die Mutter aller Probleme« thematisiert, wie es der Innenminister Horst Seehofer jüngst formulierte, sondern die kritische Perspektive erfasste nun auch die deutsche Mehrheitsgesellschaft und wies deren Alltagsrassismus als ein strukturelles Problem aus. Die Machtachsen hatten sich mit #MeTwo also verschoben; es entzündete sich eine Debatte über Rassismus in Deutschland, die selbst in der internationalen Presse wahrgenommen wurde. Dennoch ist #MeTwo keine reine Erfolgsgeschichte. Nur wenige Monate nach der Initiierung des Hashtags findet man darunter vordergründig eine Metadiskussion darüber, wie man über Rassismus reden sollte. Zu aggressiv waren die Gegenreaktionen:

> Ich habe alle meine Tweets zu #MeTwo gelöscht. Ich kann das nicht ertragen, was es teilweise für Reaktionen gab. Wie armselig muss man sein, auf Rassismus mit Rassismus zu antworten.
>
> – Hatice Akyün (@HaticeAkyuen) 27. Juli 2018

Nicht nur Hatice Akyün bekam eine heftige Abwehr des Themas Rassismus zu spüren. Die Palette der Kommentare umfasste Beleidigungen, Unterstellungen von Übersensibilität und mangelnder Dankbarkeit bis hin zur Aufforderung, doch wieder dahin zurückzukehren, von wo man gekommen sei. Akyün hat ganz recht, wenn sie bemerkt, dass genau das, was in den #MeTwo-Tweets geschildert wurde, nun auch gegen die #MeTwo-Autor_innen ins Feld geführt wird.

Woher kommt diese vehemente Ablehnung einer öffentlichen Debatte über Rassismus? Die Wissenschaftlerin Robin DiAngelo (*1956) hat den Begriff der *white fragility* (›weiße Zerbrechlichkeit‹) für den merkwürdigen Widerwillen weißer Personen gegenüber der Konfrontation mit Rassismus geprägt. DiAngelo beschreibt *white fragility* als eine psychologische Abwehrreaktion dagegen, womöglich das unbewusste und dennoch spürbare weiße Privileg aufgeben zu müssen. Weiße, so argumentiert DiAngelo, sind es nicht gewohnt, sich als Bestandteil derjenigen Ordnung zu begreifen, die historisch gesehen Rassismus hervorgebracht und nach wie vor von ihm profitiert. Es ist ihnen unangenehm, darauf hingewiesen zu werden, dass weiße im Gegensatz zu *People of Color* überrepräsentiert sind in der Populärkultur und somit eine ästhetische Norm verkörpern, dass sie einen nahezu rein westlichen literarischen, künstlerischen Kanon aufgestellt haben und sie die Geschichte aus ihrer Sicht geschrieben haben. Letztlich mussten sich weiße Menschen nie in einer kritischen Weise mit ihrer eigenen *race* und der damit verbundenen sozialen Rolle auseinandersetzen. Auf struktureller Ebene besitzen weiße Menschen laut DiAngelo somit soziale und institutionelle Macht über *People of Color*. Und werden sie mit der impliziten Forderung konfrontiert, all diese Vorrechte aufzugeben, wird ihnen das Sprechen über Rassismus recht unbequem. *White fragility* ist dann der bewusste oder unbewusste

Versuch, sich genau dagegen zu wehren, sich von individueller sowie kollektiver Verantwortung freizusprechen und den privilegierten Status beizubehalten.

> Wir machen es unerträglich für *people of color*, mit uns über ihre rassistischen Erlebnisse zu sprechen. Und dadurch bringen wir sie zum Schweigen. Sie können das in der #MeTwo-Debatte sehen: Es ist nicht neu, dass *people of color* diese Erfahrungen machen – sie erzählen nur normalerweise nicht davon. Und zwar genau wegen der Reaktionen, die dabei herauskamen, als sie sie dann doch geteilt haben: Weiße begegnen ihnen mit Feindseligkeit und Ablehnung. Ihre Erfahrungen werden kleingeredet und oft werden sie sogar noch mehr dafür bestraft, sodass ihre Situation schlechter wird, nicht besser. Deshalb ist *white fragility* ein mächtiger Weg, um *people of color* auf ihren Platz zu verweisen – und Weiße in ihrer gesellschaftlichen Machtposition zu halten.
>
> Robin DiAngelo über #MeTwo in einem Interview für *Zeit Campus* (11. August 2018)

Wer gegen Rassismus kämpft, steckt also in einem Dilemma. Nur wenn die Öffentlichkeit für Rassismus sensibilisiert wird, wenn wir über ihn reden, kann er auch in das kollektive Bewusstsein dringen und aus der Gesellschaft zurückgedrängt werden. Gleichzeitig scheint dieses wichtigste Instrument gegen Rassismus denjenigen, der seine Stimme erhebt, in eine besonders prekäre Situation zu bringen. Robin DiAngelo ist allerdings das beste Beispiel dafür, dass es einen Ausweg aus diesem Dilemma gibt, denn ihre harsche Analyse des weißen Privilegs hat sie als weiße Wissenschaftlerin im Bewusstsein ihrer eigenen Position erarbeitet. Darüber hinaus besteht das Problem bei der Auseinandersetzung mit Rassismus für diejenigen, die von ihm profitieren, auch darin, dass keiner selbst ein Rassist sein will. Wir stellen uns Rassisten als aggressive Schlägertypen vor, die rechte Parolen schwingen, als jemanden, der seinen Rassismus offensiv ausstellt. Von dieser drastischen Art des Rassismus sprechen aber weder DiAngelo noch die #MeTwo-Autor_innen. Sie zeigen vielmehr einen Rassismus auf, der unauffällig, bisweilen unbewusst und wie ein verzweigtes Wurzelgeflecht unsere Gesellschaft, unser Denken und auch unser Wahrnehmen durchzieht. Es handelt sich um einen Rassismus, der eine jahrhundertelange Tradition aufweist und in den wir hineingeboren worden. Wir alle haben seit unserer Kindheit diese Denkmuster in uns aufgenommen, sind in sie hineingewachsen, kurzum: Wir sind rassistisch sozialisiert.

Die Frage, ob man als weiße Person automatisch auch Rassist ist, kann angesichts der mit Rassismus verbundenen Assoziationen im deutschen Diskurs irreführend sein. Wir müssen uns aber fragen, ob wir rassistische Diskriminierung gesellschaftlich und für uns selbst akzeptieren, ob wir sie mittragen oder ihr Vorschub leisten wollen. Die Verantwortung für Rassismus sowie für den Kampf gegen ihn obliegt nicht denjenigen, die von ihm betroffen sind, sondern denen, die ihn erzeugen. Rassismus ist in erster Linie ein weißes Problem, wie die Rassismuskritikerin Noah Sow deutlich gemacht hat. Zu Beginn dieses Kapitels haben wir festgestellt, dass die Trennung zwischen ›Eigenem‹ und ›Anderem‹ die Grundkonstante des Rassismus ist. Auch wenn Rassismus scheinbar immer nur aussagt, wer die ›Anderen‹, die ›Migranten‹ sind, besteht seine eigentliche Funktion darin, zu definieren, wer ›Wir‹ sind. Wer also wollen Sie sein?

Wie Rassismus begegnen?

Rassismus ist ein gesamtgesellschaftliches Problem und lässt sich nicht allein dadurch bekämpfen, dass wir alle an unseren Einstellungen arbeiten. Vielmehr braucht es umfassende gesellschaftliche Wandlungsprozesse, die eine politische Steuerung etwa durch die Einrichtung zusätzlicher Antidiskriminierungsstellen und eine strengere Verfolgung vor allem von Hassrede in den Medien ebenso umfassen wie ein Diversitätsmanagement in staatlichen Institutionen. Um aber gegen Alltagsrassismus vorzugehen und umfängliche Transformationen einzufordern, müssen wir unsere eigenen Denkmuster durchbrechen sowie die Bilder hinterfragen, die in Politik und Medien erzeugt werden, und wir dürfen in unserem Umfeld die Debatte nicht scheuen. Der Kampf gegen Rassismus erfordert nicht zuletzt Solidarität.

Das Durchbrechen dieser Denkmuster, mit deren Hilfe Trennungen vorgenommen werden, um darauf basierend eine Gruppe auszuschließen, sie abzuwerten und soziale Macht

> »Der Rassismus ist eine Denkweise: Verstehen wir darunter nicht bloß eine Art, Worte an Dinge, sondern tiefergehend, Worte an Bilder zu binden, um daraus Konzepte zu machen. Den Rassismus zu überwinden, ob in der individuellen oder kollektiven Erfahrung, erfordert daher nicht nur, unser Augenmerk auf die Realität zu richten (notfalls mit Hilfe der Wissenschaft und der Forscher). Es gilt, was viel schwerer ist, die Denkweise zu verändern.«
>
> Etienne Balibar – Rassismus – auch noch ein Universalismus? (1991)

Kleiner Katalog des kritischen Hinterfragens

Vorsicht ist geboten bei:

- **Universalbegriffen wie »Kultur«, »Werte«, »Mentalität«**
  Das Problem an diesen Begriffen ist, dass damit alles gemeint sein kann (oder auch nichts). Es lohnt sich immer ein zweiter Blick: Lässt sich konkretisieren, was gemeint ist? Falls nicht, sollte man die Intention des Redners kritisch betrachten.
- **Stereotypen über »die Türken«, »die Araber« und »Afrika«**
  Wer glaubt, nationale Abstammungen allein würden Menschen grundlegend voneinander unterscheiden, ist ein Anhänger der Idee, es gebe biologisch erfassbare menschliche Ethnien. Das nimmt Menschen ihre Individualität.
- **Begriffen der Macht wie »Integrationsfähigkeit« und »-willigkeit«, »Leitkultur«, »Assimilation«**
  Diese Begriffe trennen nicht nur zwischen ›richtiger‹ und ›falscher‹ Lebensweise, sie machen auch zugleich deutlich, wer das Sagen bzw. die Deutungshoheit hat. So wird jedes Gespräch auf Augenhöhe unmöglich. Integration und Asyl haben übrigens grundsätzlich nichts miteinander zu tun, denn Gewährung dieses Menschenrechts hängt nicht vom Erlernen der Sprache ab.

über sie auszuüben, ist das sicherste Mittel gegen Rassismus. Mit dem Ziehen von Grenzen und der Rede von (unüberbrückbaren) Differenzen nimmt der Rassismus seinen Anfang; zerstört man diese Kategorien, nimmt man ihm die Basis. Das erste und wichtigste Mittel ist dabei, die Berichte über Alltagsrassismus ernst zu nehmen, und zwar in mehrfacher Hinsicht: Denn zum einen zeigen sie andere Wege des Den-

- **Verlustklagen à la »Die nehmen uns die Arbeitsplätze bzw. die Frauen weg«**
  In rassistischen Diskursen werden soziale Probleme gekonnt Außenseitern angelastet, ungeachtet ihrer wahren Ursachen. Tatsächlich sind Arbeitsplätze derzeit nicht knapp, nur schlecht bezahlt, der Sozialstaat wurde bereits vor langer Zeit abgebaut und Frauen sind keine Besitztümer, die man jemandem wegnehmen könnte.
- **Begriffen, die generelle Unsicherheit suggerieren: »Messermigration« (AfD), »Terror«, »Abschlachten«**
  Ist das Gefühl der Sicherheit abhandengekommen, glauben manche, es könne zu außergewöhnlichen Mitteln gegriffen werden. Das Spiel mit der Angst vor dem ›Fremden‹ ist immer ein verlässliches Mittel zur Radikalisierung rassistischer Diskurse.
- **entmenschlichenden Ausdrücken: »Döner-Morde«, »Flüchtlingsflut«**
  Redet man erst einmal über eine ›gesichtslose‹ Masse und nicht mehr über Menschen, geraten Moral und Menschenrechte aus dem Blick. Menschen zu Objekten abzuwerten, ist die gefährlichste Strategie des Rassismus.

kens auf und weisen auf die Dringlichkeit des Problems hin. Vor allem aber führen sie uns vor Augen, auf welche Einstellungen, Bilder und Ideen Alltagsrassismus zurückgreift. Wollen wir mehr über Rassismus erfahren und wirksame Gegenmittel kennen lernen, dann sind dies unsere wichtigsten Quellen.

Was ist Rassismus?

Kaum ein Satz war in den vergangenen Jahren aufdringlicher als »Das wird man ja wohl noch sagen dürfen«. Man konnte sich ihm kaum entziehen, er begegnete einem im Alltag, war in den Medien dauerpräsent und kursierte in den sozialen Netzwerken. »Das wird man ja wohl noch sagen dürfen« kam bei den Demonstrationen auf, auf denen patriotische Europäer gegen die Islamisierung des Abendlandes mobilisierten und breitete sich von Dresden flächendeckend in ganz Deutschland aus. Eigentlich ist »Das wird man ja wohl noch sagen dürfen« nur ein sprachliches Anhängsel. Allein hätte der Satz schwerlich zum Skandal getaugt, wäre er nicht unmittelbar mit dem Rassismus in den Debatten um die Flucht von circa zwei Millionen Menschen nach Europa verbunden gewesen.

Das, was im Zuge der sogenannten ›Flüchtlingskrise‹ in den Köpfen danach drängte, laut ausgesprochen zu werden, war gleich eine ganze Reihe von Dingen: Da waren Visionen von der Überfremdung der Gesellschaft und ihrer Maskulinisierung durch das muslimische Patriarchat, ja, sogar vor einem allgemeinen Werte- und Kulturverlust wurde gewarnt. Der Satz begleitete aber auch die sogenannten Ängste der bürgerlichen Mitte, unter anderem vor zunehmender Kriminalität, der Streichung von Sozialleistungen oder auch der Einschleppung von Krankheiten wie Ebola – auch wenn Ebola in Ostafrika und nicht in den Kriegsgebieten in Syrien, Irak und Afghanistan verbreitet war. Die öffentliche Kritik an solchen Szenarien folgte prompt, denn nicht nur halten sie selbstredend keiner Realitätsprüfung stand, sondern sie zeigen auch eine Vielzahl von Vorurteilen gegenüber den nach Europa geflohenen Menschen. Zu Recht wurde in den Medien ein dringender Rassismusverdacht geäußert; Journalist_innen, Medien- und Kulturschaffende sowie Aktivist_innen arbeiteten vehement an einer Korrektur des von Bewegungen wie PEGIDA gezeichneten Bildes, das sich aber erstaunlich hartnäckig hält.

»Das wird man ja wohl noch sagen dürfen« steht heute für mitunter sehr alte rassistische Ideen in neuen Gewändern, die in vielfältiger Weise und in unterschiedlicher Dringlichkeit die Plädoyers für eine Abschottung der Gesellschaft durchziehen. Entscheidender ist aber, dass von diesem Satz ein Impuls ausgeht, der die Grenzen des Sagbaren selbst ins Visier nimmt und zu weiten versucht. Denn hinter »Das wird man ja wohl noch sagen dürfen« verbirgt sich eigentlich die Aussage »Dies ist kein Rassismus«. Erst das lässt jene Ressentiments salonfähig erscheinen. Die Medien reagierten folglich nicht nur auf die rassistischen Äußerungen, sondern eröffneten auch die Diskussion einer viel grundlegenderen Frage, die – will man Rassismus wirkungsvoll begegnen – immer zuallererst gestellt werden muss: Was genau ist eigentlich Rassismus?

Wenig scheint gesichert zu sein, wenn es um das Thema Rassismus geht. Fest steht aber: *Erstens, Rassismus existiert.* Die Abschlusserklärung der von der UN ausgerichteten Weltkonferenz gegen Rassismus 2001 kommt zu einem klaren Ergebnis: »Fremdenfeindlichkeit in ihren unterschiedlichen Erscheinungsformen [ist] in unserer Zeit eine der Hauptquellen und -formen von Diskriminierung und Konflikten«.

Zweitens, menschliche »Rassen« gibt es nicht. Die Behauptung, es gebe sie, war selbst zu den Hochzeiten der Eugenik wissenschaftlich umstritten und ist spätestens seit den 1950er Jahren widerlegt. Die Annahme, Rassismus sei ein Resultat der im 18. Jahrhundert begonnenen biologischen Vermessung des Menschen, ist ein fataler Irrglaube. Vielmehr verhält es sich umgekehrt: Rassismus ist eine Ideologie, welche die Idee der menschlichen »Rassen« erst hervorgebracht hat, und zwar mit dem Ziel, machtpolitische Interessen im Kolonialismus dauerhaft durchzusetzen und zu legitimieren. Der Biologismus ist nur eine, wenn auch die radikalste Spielform des Rassismus; aber rassistische Diskriminierung kommt auch ohne den Glauben an die natürliche genetische Verschiedenartigkeit des Menschen aus. Neben dem auf biologischen Argumentationen fußenden Rassismus benennt die Abschlusserklärung der UN-Weltkonferenz auch ethnisches (also auf Kultur und Abstammung bezogenes) sowie ein allgemeines, nicht näher spezifiziertes Überlegenheitsdenken als ideologische Varianten des Rassismus.

Drittens, Rassismus besteht unabhängig davon, ob man ihn als solchen erkennt und bezeichnet. Als Geburtsstunde des modernen Rassismus gilt die Kolonisierung Südamerikas ab 1492 und die zeitgleich begonnene Massenversklavung in Afrika. Der Begriff »Rassismus« entstand aber erst mehr als vier Jahrhunderte später in den 1920er Jahren, nämlich im Umfeld der Auseinandersetzung mit einem zunehmenden ›germanischen‹ Überlegenheitsdenken, das in den Nationalsozialismus mündete. Dessen Kritiker führten den Begriff »Rassismus« ein, um aufzuzeigen, dass sich hinter dem Postulat, eine bestimmte Gruppe sei von Natur aus höherwertig, nichts anderes als politische Interessen verbargen. Heute stellen die »subtileren, zeitgenössischen Formen und Ausprägungen« des Rassismus eine neue Herausforderung dar. Es ist schwieriger geworden, Rassismus als solchen wahrzunehmen und zu bezeichnen, dadurch seine Machtansprüche zu enttarnen und ihn wirkungsvoll zu bekämpfen, wie die UN deutlich macht. Denn »subtil« besagt in diesem Zusammenhang lediglich, dass der Rassismus sich nicht mehr so einfach zu erkennen gibt; für die Betroffenen bedeutet er aber weiterhin eine Bedrohung ihrer Existenz.

Viertens, der Kampf gegen ihn besteht nicht unabhängig davon, ob man Rassismus als solchen erkennt und bezeichnet. Die Frage, wie Rassismus zu definieren ist, welche Formen der Diskriminierung er umfasst, war stets politisch und emanzipatorisch motiviert. Denn die Antwort auf diese Frage bestimmt maßgeblich, mit welchen politischen und rechtlichen Mitteln man Rassismus begegnen kann. Fehlen die Antworten, sind der antirassistischen Intervention die Hände gebunden.

Inwiefern das Nicht-Bezeichnen, Nicht-Erkennen und Nicht-Handeln als Kräftefeld zusammenwirken, das Rassismus Vorschub leistet, lässt sich am Staatenbericht der Europäischen Kommission gegen Rassismus und Intoleranz (ECRI) zu Deutschland von 2014 verdeutlichen. Die 1993 gegründete ECRI veröffentlicht in regelmäßigen Abständen Staatenberichte, in denen sie Auskunft über rassistische Diskriminierung gibt und Handlungsempfehlungen zum Umgang damit ausspricht. Die ECRI stellt gleich eingangs fest, dass das deutsche Verständnis von Rassismus deutlich zu kurz greift. Vor dem Hintergrund der deutschen Geschichte ist der Begriff »Rassismus« reserviert für neonazistische Organisationen und rechtsradikale Gewalt. In Deutschland gilt Rassismus somit als ein Randphänomen des Extremen, nicht nur in der öffentlichen Wahrnehmung, sondern ebenso in rechtlicher Hinsicht.

Rassistische Gewalt stellt in Deutschland weder einen eigenen Straftatbestand dar, noch sind rassistische Motive als strafverschärfender Faktor im Gesetz verankert. Lediglich rechtsextreme Straftaten werden unter den politisch motivierten Straftaten verfolgt sowie registriert. Daneben werden antisemitische sowie seit 2017 auch gegen Muslim_innen gerichtete Straftaten statistisch erfasst. Da aber eine allgemeine Definition von Rassismus weder rechtlich noch statistisch Berücksichtigung findet, tauchen rassistische Motive in den Polizei- oder Gerichtsakten schlicht nicht auf. In der Konsequenz wird ein Großteil der rassistisch motivierten Gewalt in Deutschland sowie die Existenz eines gewaltbereiten Rassismus selbst ausgeblendet, obwohl Organisationen wie Pro Asyl und die Amadeu Antonio Stiftung dem mit eigens geführten Listen von Hassverbrechen entgegenzuwirken versuchen.

Die fehlende Wahrnehmbarkeit und daraus resultierend die mangelnde Sensibilität gegenüber rassistischen Motiven zieht weitere Kreise. Ebenfalls angemahnt von der ECRI werden ›Ermittlungspannen‹ bei der Verfolgung von Straftaten – so etwa bei den NSU-Morden. Zu den neun in den Jahren von 2000 bis 2006 an Menschen mit Migrationshintergrund verübten Morden ermittelte die SoKo Bosporus (!) bis 2006 ausschließlich im Umfeld der Opfer, vermutete Familienfehden, mafiaähnliche Strukturen, Kriminalität wie illegales Glückspiel und Drogengeschäfte. Erst ab 2006 wurden auch Ermittlungen in Bezug auf rassistische oder rechtsextreme Motive aufgenommen. Der UN-Ausschuss für die Beseitigung der Rassendiskriminierung (CERD) kommt zu dem Schluss, dass rassistische Vorurteile innerhalb der Polizei eine objektive Ermittlung unmöglich gemacht haben. Im Vorfeld der Anhörung Deutschlands vor dem CERD 2015 waren auch Vermerke in Polizeiakten publik geworden, die unter anderem eine Roma als »Zigeunerin« und als typische Vertreterin ihrer Minderheit titulierten. Dem rassistischen Stereotypen von Sinti und Roma folgend, unterstellte man ihr, dass sie lüge und ihre Aussage somit unglaubwürdig sei.

Im Fall des NSU blieb der Rassismus lange Zeit unbemerkt, und das in vielfältiger Weise. Weil die Polizist_innen selbst mit Vorurteilen auf die Opfer reagierten, kam Rassismus als Tatmotiv für die Ermittlungen nicht in Betracht. Die Konsequenz war nicht nur, dass der NSU viele Jahre unbehelligt weiter agieren konnte, sondern auch, dass auf Grundlage der von der Polizei veröffentlichten Informationen zum Ermittlungsstand eine regelrechte Meinungsmache in den Medien betrieben wurde, welche die Opfer und ihre Angehörigen diffamierte und die türkischstämmige Bevölkerung als Ganzes stigmatisierte. Das hat Vorurteile wenn nicht hervorgebracht, so doch wenigstens erhärtet. Von *FAZ* bis *taz* nahmen die Medien die Mär von der Halbmondmafia bereitwillig auf und berichteten unter dem Stichwort »Döner-Morde«, das 2012 aufgrund seines rassistischen Gehalts zum Unwort des Jahres gekürt wurde. Der Staatenbericht des ECRI stellt fest, dass die Causa ›SoKo Bosporus‹ das Vertrauen der potenziellen und tatsächlichen Opfer von Rassismus in die Exekutive nachhaltig beschädigt habe. So dürfte die Polizei nach den NSU-Morden wohl noch seltener mit Anzeigen und Berichten über Taten mit rassistischen Hintergründen konfrontiert werden.

Und noch ein Letztes: Sowohl die UN als auch die EU monieren, dass *Racial Profiling*, die polizeiliche Kontrolle von

NSU – die Fakten

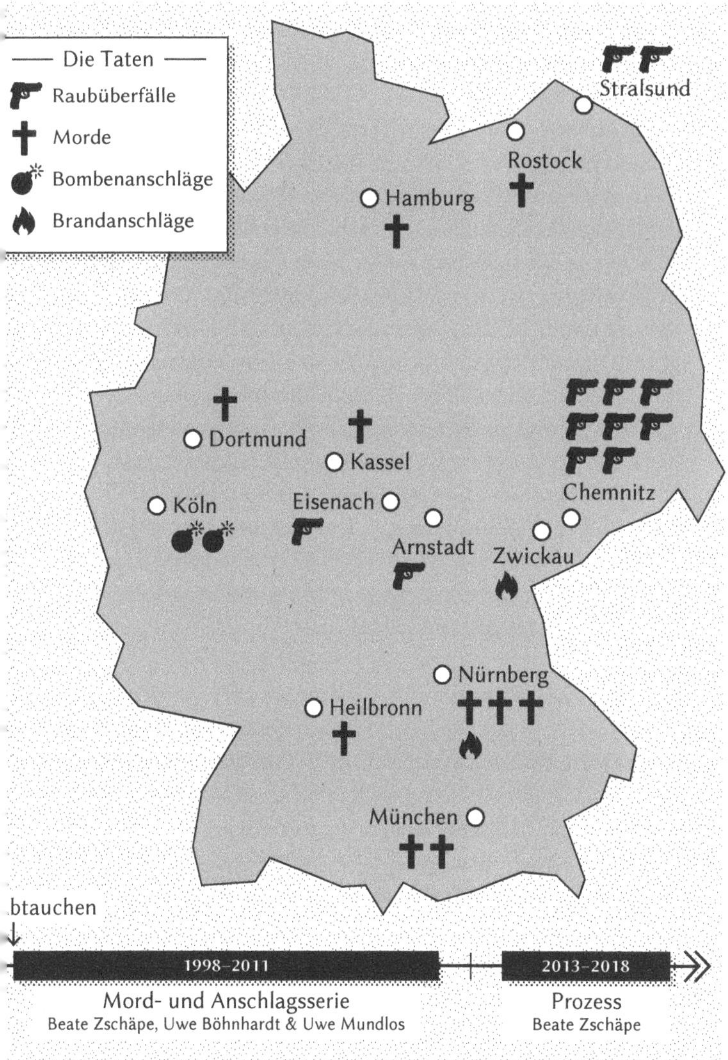
Die Taten
Raubüberfälle
Morde
Bombenanschläge
Brandanschläge
Stralsund
Rostock
Hamburg
Dortmund
Kassel
Köln
Eisenach
Arnstadt
Zwickau
Chemnitz
Nürnberg
Heilbronn
München
btauchen
1998–2011
Mord- und Anschlagsserie
Beate Zschäpe, Uwe Böhnhardt & Uwe Mundlos
2013–2018
Prozess
Beate Zschäpe

Menschen aufgrund von äußeren Merkmalen wie Hautfarbe, in Deutschland gängige Praxis sei. Auch wenn *Racial Profiling* eine menschenrechtswidrige Praxis ist und gegen das EU-Antidiskriminierungsgesetz verstößt, ist es hierzulande juristisch nicht explizit verboten, es wird lediglich durch den Allgemeinen Gleichbehandlungsgrundsatz abgelehnt. Insbesondere die ECRI weist darauf hin, dass Opfer von *Racial Profiling*, aber auch von anderen Formen rassistischer Diskriminierung durch Institutionen, in Deutschland keine staatliche Anlaufstelle haben. Sie empfiehlt daher, den Allgemeinen Gleichbehandlungsgrundsatz auf den öffentlichen Sektor zu erweitern, um so eine Handhabe zu schaffen. Deutschland hingegen sah bei der Anhörung vor der CERD in Genf übrigens keinen Handlungsbedarf, denn *Racial Profiling* gebe es in Deutschland gar nicht.

Gewaltakte wie die NSU-Morde sind die radikalste Form rassistischer Diskriminierung. Der Umgang der Legislative und Exekutive mit rassistischer Gewalt macht deutlich, welche Konsequenzen aus der ausbleibenden Antwort auf die Frage »Was ist Rassismus?« resultieren:

- Fehlt das Bewusstsein für Rassismus – sei es in den Gesetzestexten, in den Medien, in den Institutionen oder Köpfen der Menschen –, kann er sich unerkannt und frei entfalten.
- Ist Rassismus in einem gesellschaftlichen Bereich (in der öffentlichen Wahrnehmung, in Institutionen, oder im Rechtssystem) unsichtbar, dann ist er es zumeist auch in einem anderen. Oder andersherum: Kann sich Rassismus in einem dieser Bereiche ungehindert entfalten, dann wird man auch in anderen auf ihn treffen.
- Die mangelnde Wahrnehmung von Rassismus macht Interventionen gegen ihn unmöglich. Ob es sich um eine

beabsichtigte Ausblendung handelt oder nicht, Rassismus wird dadurch stillschweigend mitgetragen.

- Diejenigen, die rassistischer Diskriminierung ausgesetzt sind, tragen die Konsequenzen dieser Strukturen, indem sie Ausschließung, Stigmatisierung und Gewalterfahrungen erleiden. (Ich spreche bewusst an dieser Stelle nicht von ›Opfern‹. Für Personen, die rassistische Diskriminierung erlebt haben und erleben, stellt Rassismus zumeist keine singuläre Erfahrung dar, sondern er prägt ihre gesamte Biografie. Sie haben vielfältige Ermächtigungs- und Bewältigungsstrategien entwickelt, weswegen sie im englischen Diskurs als *survivor* und nicht als *victim* tituliert werden.)

Es braucht also Antworten, um eine gewisse, auch rechtliche Sicherheit im Umgang mit Rassismus herzustellen und eine umfassende, politische Prävention und Intervention gegen ihn zu ermöglichen und voranzutreiben. Und es gibt sie auch – die Antworten. Bereits 1965 hat die UN in Artikel 1 der Anti-Rassismus-Konvention eine Definition von Rassismus vorgelegt. 2002 wurde sie von der ECRI in der *Allgemeinen Politik-Empfehlung* (sie enthält Handlungsempfehlungen des ECRI an die EU-Mitgliedsstaaten, wie auf nationaler Ebene Rassismus begegnet werden kann) ausdifferenziert und aktualisiert. In der Anti-Rassismus-Konvention der UN heißt es:

> In diesem Übereinkommen bezeichnet der Ausdruck »rassistische Diskriminierung« jede auf *race*, der Hautfarbe, der Abstammung, dem nationalen Ursprung oder dem Volkstum beruhende Unterscheidung, Ausschliessung, Beschränkung oder Bevorzugung, die zum Ziel oder zur Folge hat, dass dadurch ein gleichberechtigtes Anerkennen, Ge-

niessen oder Ausüben von Menschenrechten und Grundfreiheiten im politischen, wirtschaftlichen, sozialen, kulturellen oder jedem sonstigen Bereich des öffentlichen Lebens vereitelt oder beeinträchtigt wird. (Zitat modifiziert)

Im Gegensatz zum deutschen, auf den Rechtsradikalismus verkürzten Verständnis zeichnet die UN ein vielschichtiges und sehr viel grundlegenderes Bild von Rassismus. Die Unterscheidung, die der Rassismus konstruiert, kann nicht nur eine biologische sein, sondern sich ebenso auf Nationalität, Ethnie, Abstammung und Hautfarbe beziehen. Auffallend ist, dass Religion in dieser Liste fehlt. Häufig werde ich in meinen Seminaren gefragt, warum so wenige Jahre nach der Shoah Religion keine Erwähnung findet. Die Antwort ist so erschreckend wie einfach: In der nationalsozialistischen Ideologie wurden Juden nicht als Anhänger einer bestimmten Religion verstanden, sondern als eine andere »Rasse« im biologischen Sinne.

In die erweiterte Rassismusdefinition der ECRI von 2002 wurden dann auch Religion und Sprache als Merkmale aufgenommen, aufgrund derer rassistische Diskriminierung stattfinden kann.

1. Für diese Empfehlung werden folgende Definitionen zugrunde gelegt:

a) Rassismus bedeutet die Überzeugung, dass ein Beweggrund wie *race*, Hautfarbe, Sprache, Religion, Staatsangehörigkeit oder nationale oder ethnische Herkunft die Missachtung einer Person oder Personengruppe oder das Gefühl der Überlegenheit gegenüber einer Person oder Personengruppe rechtfertigt.

b) »direkte rassistische Diskriminierung« bedeutet jede

unterschiedliche Behandlung aufgrund von *race*, Hautfarbe, Sprache, Religion, Staatsangehörigkeit oder nationaler oder ethnischer Herkunft ohne sachliche und vernünftige Gründe. Eine unterschiedliche Behandlung ist nichtsachlich und vernünftig begründet, wenn sie kein legitimes Ziel verfolgt oder die Verhältnismäßigkeit der angewandten Mittel in Bezug auf das verfolgte Ziel unangemessen ist.

c) »indirekte rassistische Diskriminierung« liegt in Fällen vor, in denen ein scheinbar neutraler Faktor wie eine Regelung, ein Kriterium oder ein Verfahren von Personen, die einer Gruppe angehören, die durch *race*, Hautfarbe, Sprache, Religion, Staatsangehörigkeit oder nationale oder ethnische Herkunft gekennzeichnet ist, nicht einfach erfüllt werden kann oder sie benachteiligt, es sei denn, dieser Faktor ist sachlich und vernünftig begründet. Dies wäre der Fall, wenn ein legitimes Ziel verfolgt wird und wenn die Verhältnismäßigkeit der angewandten Mittel in Bezug auf das verfolgte Ziel angemessen ist.

ECRI, Allgemeine Politik-Empfehlung Nr. 7 (Zitat modifiziert)

Die radikalen Folgen des Rassismus beginnen nicht erst bei Gewalterfahrungen oder strafrechtsrelevanten Taten, die wir uns bisher angeschaut haben. Sie zeigen sich bereits in der Einschränkung oder ungleichen Anerkennung von fundamentalen Freiheiten und Menschenrechten im politischen, ökonomischen, sozialen und kulturellen Bereich sowie im öffentlichen Leben allgemein. Bekanntermaßen umfassen die Menschenrechte die körperliche Unversehrtheit und die Freiheit des Einzelnen, beides wird aber durch die radikalen Ausprägungen des Rassismus wie körperliche Gewalt, Folter, Sklaverei und Freiheitsberaubung durch beispielsweise Internierung verletzt. Jenseits dessen werden aber auch die verwehrte Teilhabe und Gleichstellung – also ganz fundamentale Erfahrungen des alltäglichen Lebens – als rassistische Diskriminierungen aufgefasst.

Das Bild, das der ECRI-Staatenbericht von Deutschland entwirft, vervollständigt sich durch die strukturellen Ausprägungen des Rassismus. Insbesondere das Bildungssystem birgt ein massives Ungleichgewicht der Chancenverteilung. Kinder mit Migrationshintergrund besuchen deutlich seltener Kindertagesstätten und Vorschuleinrichtungen, besuchen später doppelt so häufig Haupt- oder Realschulen wie das Gymnasium, und selbst an den Universitäten sind die Abbrecherquoten von Studierenden mit Migrationshintergrund doppelt so hoch wie die anderer Studierender. Diese starkes Gefälle im Bildungssystem geht auch auf sozioökonomische Faktoren zurück. Gut gestellte Familien aus höheren Bildungsschichten ›vererben‹ so gesehen ihre Bildungsabschlüsse weiter.

Doch reicht diese Erklärung laut der ECRI nicht aus. Vielmehr liegt es an der Struktur des Bildungssystems selbst, dass es die schlechteren Startbedingungen der Benachteiligten nicht auszugleichen vermag, was etwa durch gezielte Sprachförderung in der Vorschulzeit oder durch finanzielle Entlastungen während des Studiums möglich wäre. Inwiefern auch Vorurteile und direkte rassistische Diskriminierungen in der Schule eine Rolle spielen, ist nicht vollständig aufzuklären. Pädagogische Studien deuten darauf hin, dass Rassismus die Beurteilung von Schüler_innen sowie deren Schulalltag prägt, doch fehlt eine umfassende Datenerhebung. Die ungleichen Chancen in der Schulzeit tragen sich auch in das Berufsleben hinein, weswegen die ECRI anonymisierte Bewerbungsverfahren befürwortet.

Diese Kluft in der Sozialstruktur ist ein sich selbst erhaltendes System der sozialen Ungleichheit. Personen mit Migrationshintergrund sind somit, wie das ECRI deutlich macht, von einer systemischen Unterprivilegierung betroffen, die in der Schule beginnt und sich mit schlechteren Arbeitschancen fortsetzt. Die sich daraus ergebende schwächere sozioökonomische Stellung überträgt sich wiederum auf die folgende Generation. In dieser Hinsicht lässt sich von einer Intersektionalität von Klasse und Migrationshintergrund sprechen, also von dem Zusammentreffen mehrerer einander bedingender und sich überschneidender Benachteiligungen. Dieser entgegenzuwirken und gleiche Chancen für alle im Bildungssektor zu gewährleisten, sollte das oberste Ziel der Inklusionspläne deutscher Institutionen sein.

Ungleiche Chancen, eine schlechtere sozioökonomische Stellung oder soziale Barrieren gehören also ebenso zur rassistischen Wirklichkeit wie die Erfahrung von Gewalt. Es braucht keinen Rassisten, damit rassistische Diskriminierung existiert, sie kann auch in Strukturen einer Institution beheimatet sein. In der soziologischen Forschung nennt man diese Form »strukturellen« oder »institutionellen Rassismus«, der sich im Bildungssystem, auf dem Arbeitsmarkt, bei der Wohnungssuche aber auch bei der politischen Repräsentation ausprägen kann. Die UN-Definition denkt Rassismus nicht allein von einer Absicht etwa zur Abwertung oder zur Gewalttat her, wie dies beim Rechtsextremismus der Fall ist, sondern geht gleichermaßen von seinen Auswirkungen für die Betroffenen aus. Die Intention, jemanden zu benachteiligen, steht gleichberechtigt neben dem tatsächlichen Effekt, benachteiligt zu werden. Fehlt die Absicht, ist das Handeln dadurch nicht weniger rassistisch. Obwohl soziale Ungleichheit aufgrund von strukturellem Rassismus die Biografien von Betroffenen entscheidend prägt, wird sie häufig im allgemeinen Verständnis von Rassismus nicht mitbedacht und stellt einen weiteren blinden Fleck in Deutschlands Verhältnis dazu dar.

Bisher haben wir uns angeschaut, welchen Einfluss das Ausbleiben einer Antwort auf die Frage »Was ist Rassismus?« für die Intervention gegen rassistische Diskriminierung sowie Gewalt hat und wie sich durch gegebene Antworten die Wahrnehmung von Rassismus entscheidend erweitert. Bisher hatten wir es folglich mit einem Sprechen *über* Rassismus zu tun. Nun aber wenden wir uns dem öffentlichen rassistischen Sprechen selbst zu und kehren so zu dem Satz »Das wird man doch wohl noch sagen dürfen« zurück. Wir betreten also die ideologische Sphäre des Rassismus, den Innenraum seines Denkens; für das sich daran anschließende Handeln oder die daraus resultierenden strukturellen Benachteiligungen bleibt der Begriff »rassistische Diskriminierungen« bestehen.

Die Brisanz eines solchen Denkens liegt darin begründet, dass es rassistische Diskriminierung legitimieren, verstärken oder sogar hervorbringen kann – insbesondere dann, wenn aus dem Denken ein Sprechen wird. Die ECRI räumt dementsprechend der Bekämpfung der Hassrede in ihren allgemeinen politischen Handlungsempfehlungen einen prominenten Stellenwert ein. Jede Form der Verbreitung von rassistischem Denken – sei es als eine komplexere Ideologie der eigenen Höherwertigkeit, in Form von Stereotypen oder Vorurteilen, als Diffamierung oder als Stigmatisierung einer bestimmten Gruppe – die in den Medien, Zeitungen oder im Internet stattfindet, begreift die ECRI als *hate speech*.

Der niederländische Wissenschaftler Teun van Dijk (*1943) hat bereits in den 1990er Jahren den Zusammenhang zwischen der Verbreitung von rassistischem Denken in den Medien und rassistischem Handeln im Alltag untersucht. Dabei stellte er fest, dass nahezu jede scheinbar noch so private Ablehnung, Aggression oder Gewalt gegen bestimmte Gruppen durch rassistisches Denken, das zuvor in den Medien verbreitet wurde, angeleitet ist. Die Korrespondenz zwischen Rassismus in den Medien und Rassismus im Alltag, die van Dijk aufzeigt, folgt der Logik, dass Medien Realität erzeugen. Die in den Medien verbreiteten Stigmatisierungen, Vorurteile oder Behauptungen der eigenen Höherwertigkeit sickern in die Köpfe ein. Indem sie sich zu bewussten oder unbewussten Überzeugungen verdichten, verändern sie auch das Verhalten der Menschen. Sind einmal die Grenzen des Sagbaren ausgedehnt, erweitern sich auch die Grenzen des Handelns; der Ablehnung in Worten folgt früher oder später auch eine Ablehnung in Taten.

Im Staatenbericht zu Deutschland stellt die ECRI 2014 ein ähnliches rechtliches Defizit bezüglich der Hassrede wie für die rassistische Gewalt fest. Da nur ein kleiner Teil von *hate speech* strafrechtlich geregelt ist, keine straf- oder zivilrechtlichen Statistiken darüber angelegt werden und aufgrund von mangelnder Sensibilität nur wenige Fälle verfolgt werden, stellt die ECRI »einen erheblichen Grad an Straffreiheit« in Bezug auf Hassrede fest. Dabei ist die »Aufstachelung zum Hass« in Deutschland kein Randphänomen, sondern wird in zahlreichen öffentlichen Debatten beklagt.

Bereits 2008 hat die ECRI angemerkt, dass antimuslimische Narrative (Muslim_innen besäßen ein »Integrationsdefizit« oder stellten ein »Sicherheitsrisiko« dar) besorgniserregend verbreitet seien. Ebenfalls kritisch bewertet wird der Begriff »Armutsmigration«, der Vorurteile gegen Zuwandernde schüre. Offenbar hat sich die Entwicklung seit 2014, als die ECRI ihren letzten Staatenbericht zu Deutschland vorgelegt hat, noch verschärft, neben »Das wird man ja wohl noch sagen dürfen« sind zahlreiche andere Narrative entstanden. Das »Sicherheitsrisiko« beispielsweise hat sich ausdifferenziert zu einer möglichen islamistischen »Überfremdung« oder gar »Unterwanderung« der deutschen Bevölkerung. Geflüchtete bringen angeblich den Terror ins Land oder schaden der Gleichberechtigung von Mann und Frau. Überhaupt gelten die »jungen Männer aus arabischen und afrikanischen Ländern« als Gefahr für Frauenrechte und deren Schutz. Untermauert wird das mit Geschichten von tagtäglich »vergewaltigten, verletzten oder ermordeten Mitbürgerinnen«, wie sie die AfD bei der Ankündigung des Marsches der Frauen am 17. Februar 2018 in Berlin verbreitet hat. Darüber hinaus beteiligen sich längst nicht mehr nur die Parteien im äußeren rechten Spektrum an Stigmatisierungen. Richtet man den Blick auf die Wortneuschöpfungen »Wirtschaftsflüchtlinge«, »Anti-Abschiebe-Industrie« oder »Asyltourismus«, dann hat man es durchgehend mit Äußerungen der politischen Mitte zu tun.

Dass solche Narrative und abwertenden Äußerungen ihre Wirkung durchaus nicht verfehlen, zeigt die Mitte-Studie der Friedrich-Ebert-Stiftung zu rechtsextremen und menschenfeindlichen Einstellungen aus dem Jahr 2016. Sie kommt zu dem Ergebnis, dass Vorurteile gegenüber Immigrant_innen generell bei 19 Prozent, gegenüber Sinti und Roma bei 25 Prozent, gegenüber Muslim_innen bei 19 Prozent und gegenüber Asylsuchenden bei 50 Prozent (44 Prozent waren es im Jahr 2014) der Befragten bestehen. Besonders verbreitet sind solche »menschenfeindlichen Einstellungen« bei Anhänger_innen der AfD: Vorurteile gegen Immigrant_innen teilen 68 Prozent, gegen Sinti und Roma 59 Prozent, gegen Muslim_innen 64 Prozent und gegen Asylsuchende 88 Prozent. Der Verfassungsschutz hat für das Jahr 2016 übrigens 22 471 rechtsextreme Straftaten gezählt – im Jahr 2014 waren es noch 16 559.

Vieles von dem, was in den öffentlichen Debatten durch »Das wird man doch wohl noch sagen dürfen« begleitet wurde, kann als Hassrede gelten; da aber auch im Bereich des öffentlichen Sprechens der Frage »Was ist Rassismus?« wenig Beachtung entgegengebracht wurde, konnte sich der Diskurs weitgehend ungehindert entfalten. Die Empfehlungen des ECRI, wie gegen Hassrede vorzugehen sei, beziehen sich dementsprechend erstens auf eine Erweiterung der strafrechtlichen Definition der Hassrede und zweitens auf eine intensive Aufklärungsarbeit, um eine breite Sensibilität zu schaffen.

Wir haben den Blick auf drei Formen von Rassismus – Gewalt- und Straftaten, soziale Ungleichheit und Hassrede – gelenkt und sind der Frage nachgegangen, wie Rassismus gesellschaftlich wirksam ist. Dabei zeigt sich, dass das fehlende Bewusstsein für Rassismus insbesondere aufgrund des verkürzten Rassismusverständnisses in Deutschland dessen Dynamiken auf allen Ebenen Vorschub leistet. Denn wo die Frage »Was ist Rassismus?« unbeantwortet bleibt, kann dieser sich voll und ungebremst entfalten. Ebenso hat sich gezeigt, dass die verschiedenen Formen des Rassismus nicht unabhängig voneinander bestehen. Vielmehr korrespondieren sie untereinander, stabilisieren sich gegenseitig und bringen einander sogar hervor. Der öffentlichen Akzeptanz von Vorurteilen und der Verbreitung von Stigmatisierungen, etwa durch *hate speech*, kommt dabei eine zentrale Rolle zu, denn sie bereitete strukturellen Rassismus sowie Gewalt nicht nur vor, sondern legitimiert sie auch.

Vom öffentlichen Diskurs ausgehend sickert das rassistische Wissen in alle gesellschaftlichen Bereiche ein und manifestiert sich dort. Etienne Balibar spricht vom Rassismus als einem »totalen sozialen Phänomen«. Er bringt damit zum Ausdruck, dass Rassismus aus einer Vielzahl von Praktiken und Ideen besteht, die niemals nur in einem einzigen Bereich – im öffentlichen Sprechen, im Alltag oder in einer Institution wie dem Bildungswesen – vorkommen, sondern immer eine Gesellschaft als Ganzes durchziehen. Denn eine Gesellschaft ist entweder rassistisch, oder sie ist es nicht. Daher muss die Bekämpfung von Rassismus, soll sie denn wirkungsvoll sein, auch gesamtgesellschaftlich ansetzen.

Wie denkt Rassismus?

Das Deutsche Hygiene-Museum in Dresden zeigte bis Januar 2019 eine Ausstellung, die den Titel »Rassismus. Die Erfindung der Menschenrassen« trug. Sie präsentierte Exponate vornehmlich aus der Hochphase der wissenschaftlichen Vermessung und Einteilung des Menschen und der Eugenik im 19. und frühen 20. Jahrhundert. Zu sehen waren Tafeln von Hautfarben, fotografische Verfahren, mit denen bestimmte »rassische Typen« aus Porträtbildern generiert wurden, sowie rassistisches und antisemitistisches Propagandamaterial der NS-Zeit und Alltagsgegenstände der Versklavung. All das vermittelt einen umfassenden Einblick in die Hochphase des Rassismus, und zwar nicht nur in die von ihm ausgegangene Gewalt, sondern auch in jene Wissenschaft, die sie ideologisch legitimierte und akzeptabel erscheinen ließ. Entsprechend stellte sich die Frage: Darf oder sollte man Rassismus in dieser Weise ›ausstellen‹?

Auch die Kurator_innen begannen während der Vorbereitungen zu zweifeln und entschieden sich für einen Kurswechsel: Sie beriefen ein Team von Expert_innen ein, das nicht nur selbst über ein umfängliches Fachwissen verfügt, sondern im Gegensatz zu den Kurator_innen auch selbst rassistische

Die Ausstellung »Rassismus« im Deutschen Hygiene-Museum Dresden.

Diskriminierung erfahren hat. Tatsächlich fanden sich blinde oder ›weiße Flecken‹ im Ausstellungskonzept, woraufhin bestimmte Dinge tatsächlich nicht oder in einer anderen Weise gezeigt wurden als ursprünglich geplant. Besonders diffamierende Exponate wie etwa Grotesken, Karikaturen oder auch Propagandamaterial der NS-Zeit wurden hinter einem Vorhang verborgen, sodass es einer bewussten Entscheidung bedurfte, sich dieses Material anzusehen. Andere Ausstellungsstücke wurden mit einem zweiten Kommentar versehen, sodass neben der wissenschaftlichen Kontextualisierung eine Einordnung in die Erfahrungswelt von Rassismus steht.

Das funktioniert in etwa so: Aus dem Text des Ausstellungsmitarbeiters erfahren wir über die 30 Haarfarbenmuster von Eugen Fischer (1874–1967) aus dem Jahr 1907, dass diese nebst Haut- und Augenfarbetafeln zum Standardrepertoire der anthropologischen Untersuchung zählten. Man benutzte sie also, um die »Rassenzugehörigkeit« mittels Untersuchung festzustellen. Daneben liest man den Kommentar der Soziologin Natasha A. Kelly:

> Stets als negativ beschrieben, wurden Schwarze Haare als Symbol der Unterdrückung klassifiziert. Um den *weißen* Schönheitsstandards zu entsprechen, veränderten vor allem Schwarze Frauen ihre Haarstruktur so, dass sie »europäisch« anmuteten. Das offene Tragen von Schwarzem Haar in seinem natürlichen Zustand ist infolgedessen zu einer komplexen und politisierten Handlung geworden und kann als Ausdruck der Befreiung verstanden werden.

Der Impuls, der von den Expert_innen ausging, war also wesentlich, um zwei Annahmen zu korrigieren. Nämlich konnten Museumsbesucher_innen dank ihrer Ergänzungen lernen, dass erstens rassistische Bilder, auch wenn sie Teil einer vergangenen Weltsicht sind, auch heute noch diskriminierend wirken. Und zweitens erfuhren sie, dass diese ›alten‹ Rassismen für *People of Color* von heute nicht der Vergangenheit angehören, sondern dass sie latent etwa in Schönheitsidealen weiterhin spürbar sind.

Und wie ist es um den Rassismus selbst bestellt? Laufen Ausstellungen dieser Art nicht Gefahr, rassistische Ideologie nicht nur auszustellen, sondern auch zu reproduzieren? Weite Teile der kritischen Rassismusforschung lehnen mit dieser Begründung die Verwendung des Begriffs »Rasse« rigoros ab, und zwar unabhängig davon, ob er kritisch auf historische oder gegenwärtige Rassismen angewendet wird. Ähnlich wie das N-Wort, so die Kritik, reproduziere die Verwendung dieses Begriffs die ideologischen Wissensbestände und Bilder eines vergangenen Rassismus. Dadurch reaktiviere sie nicht nur das Trauma der rassistischen Erfahrung, sondern ebenso das rassistische Wissen selbst. Zugleich wissen wir, dass der heutige Rassismus sich nicht mehr auf biologische Differenzen begründet. Die Neue Rechte lehnt das »Rasse«-Konzept sogar offensiv und entschieden ab und spricht lieber von »Kultur«, ohne dabei weniger rassistisch zu sein. Wenn also biologisches Unterscheiden, Messen, Ordnen heute keine Relevanz mehr innerhalb des rassistischen Diskurses habe, so bringt der Rassismusforscher Christian Geulen (*1969) es auf den Punkt, dann sei es notwendig, »eine Kritik des Rassismus ohne den Rassebegriff« zu entwickeln, statt durch dessen Verwendung dieses Wissen wieder in ein möglicherweise falsches Bewusstsein zu rufen.

Christian Geulen war als wissenschaftlicher Berater an der Ausstellung selbst beteiligt und hat dafür insbesondere die Geschichte des Begriffs der »Rasse« nachgezeichnet. Denn obwohl es gewichtige Gründe für die Distanzierung zu diesem Wissen gibt, bestehen ebenso gute Argumente, warum wir das Wissen um dieses dunkle Kapitel in der Wissenschaftsgeschichte für eine kritische Auseinandersetzung mit heutigen Rassismen nutzen sollten. Auch wenn der Begriff der »Rasse« und ebenso die damit verbundene Idee biologischer Differenzen tabuisiert sind, werden die Denkweisen vergangener Tage nach wie vor verbreitet.

Der biologische Rassismus war seit der Aufklärung ein zentrales Mittel der Welterklärung, und zwar weit über die Wissenschaft hinaus. Das »Rassenmodell« inspirierte die Sozialpolitik, es wurde als Motor der Geschichte und Kultur sowie als ein Produkt biologischer Erbanlagen verstanden. Der österreichische Soziologe Friedrich Otto Hertz (1878–1964) schrieb bereits 1904: »Der Rassentheoretiker hat ein Leitprinzip, mit dem sich eigentlich alles beweisen und erklären lässt. Er lehnt die Einflüsse der Aussenwelt ab und erklärt alles aus ›Rassenzügen‹.« Der Rassismus des 19. Jahrhunderts hatte auf alles eine Antwort, die als naturwissenschaftlich objektiv und gesichert galt. Auch deswegen konnte von ihm eine solche Radikalität ausgehen. Als ein wirkmächtiges Welterklärungsprinzip, das erst vor rund 70 Jahren mit dem Ende des Zweiten Weltkrieges seine Relevanz verlor, hat es bis in die Jetztzeit nachgewirkt. Wir finden Spuren dieser Ideologie nicht nur selbst in kritischem Vokabular wie »bunt« und »anders*art*ig«, in Vorurteilen gegen Migration wie etwa dem berüchtigten Kulturverlust, sondern auch explizite Beispiele in den Reden von Björn Höcke oder in Thilo Sarrazins Millionenbestseller *Deutschland schafft sich ab (2010)*. Selbst wenn der Begriff »Rasse« nicht mehr verwendet wird, sind die von ihm ausgehenden Denkbilder also noch aktiv – nur unter anderen Vorzeichen. Zumeist ist uns ihr Ursprung nicht bewusst, eben weil die Geschichte der Eugenik und des biologischen Rassismus eine tabuisierte ist. Auch das fehlende Wissen birgt also eine Gefahr, wenn das Wiederaufkeimen von rassistischen Ideologien nicht erkannt wird.

Wie man sich mit der Geschichte des europäischen Rassismus richtig auseinandersetzt, kann allgemeingültig nicht entschieden werden. Wesentlich ist es aber, die unterschiedlichen Argumente für das Aussparen oder für die Beschäftigung mit diesem Thema zu kennen und, so wie die Expert_innen in der Ausstellung es einem durch das Verhängen von Exponaten

Der europäische Rechtsruck

Die Forderungen rechtspopulistischer und rechtsextremer Parteien in Europa

GROSSBRITANNIEN

»Vote Leave« – Brexit Campaign

2016: Kampagnenstart
23. Juni 2016: Brexit-Referendum

Migrationspolitik:

- Verschärfung der Einwanderungs- und Duldungsgesetze
- Anstieg von Hassverbrechen auf 200 Vorfälle pro Tag vor dem Referendum

Weitere Positionen:

- Die Windrush-Generation – seit Jahrzehnten in UK lebende Einwanderer aus den Commonwealth-Staaten – sind von Abschiebung bedroht

DEUTSCHLAND

AfD – Alternative für Deutschland

2013: Gründung

Migrationspolitik:

- Antieuropäische Forderungen
- Forderung der Begrenzung von Migration

Weitere Positionen:

- Gegen Gender-Mainstreaming
- Ablehnung der Gleichstellung von gleichgeschlechtlichen Familien
- Denunzierung der journalistischen Medien als ›Lügenpresse‹

FRANKREICH

Rassemblement National (bis Juni 2018 Front National)

1972: Gründung

Migrationspolitik:

- Kernkonzept der *préférence nationale,* nach dem Franzosen bei Sozialleistungen wie auch von Arbeitgebern bevorzugt werden sollen
- Forderung des EU-Ausstiegs
- Begrenzung der Migration

Weitere Positionen:

- Ablehnung der gleichgeschlechtlichen Ehe
- Gegen Gender Mainstreaming

ITALIEN

Lega (bis März 2018 Lega Nord)

1989: Gründung
2018: Regierungskoalition mit der 5-Sterne-Bewegung

Migrationspolitik:

- Blockade der Seenotrettung im Mittelmeer

Weitere Positionen:

- Forderung, Sinti und Roma per Volkszählung erfassen zu lassen
- Diskussion über ein Bürgergremium zur Beobachtung der freien Presse
- Formulierung des politischen Ziels, Abtreibungen zu reduzieren
- Weigerung der Anerkennung gleichgeschlechtlicher Familien

POLEN

Pis – Prawo i Sprawiedliwość (Recht und Gerechtigkeit)

2001: Gründung
Seit 2015: Regierung mit absoluter Mehrheit

Migrationspolitik:

- »Tu jest Polska!« (›Hier, wo wir sind, ist Polen!‹) Nationalistische Politik der Ausgrenzung unter diesem Slogan
- Ablehnung der Willkommenskultur
- Verweigerung der Aufnahme von Geflüchteten aus Nordafrika und arabischen Ländern

Weitere Positionen:

- Einschränkung der Medienfreiheit (2015)
- Einschränkung der Befugnisse des Verfassungsgerichts (2015)
- Einschränkung der Forschung in Bezug auf den Holocaust (2015)
- Geplante Verschärfung des Abtreibungsgesetzes (2018)

ÖSTERREICH

FPÖ – Freiheitliche Partei Österreichs

1956: Gründung durch ehemalige Nationalsozialisten
Seit 2017: Regierungskoalition zusammen mit der ÖVP (Österreichischen Volkspartei)

Migrationspolitik:

- Die erste Regierungskoalition von ÖVP und FPÖ im Jahr 2000 führte zu einem diplomatischen Boykott durch alle EU-Mitgliedsstaaten
- Begrenzung von Migration und Diskussion über geschlossene Lager für Geflüchtete und gesonderte Klassen für zugewanderte Kinder
- Ablehnung des UN-Migrationspakts (2018)

Weitere Positionen:

- Interne Anweisung an die Polizei zum Boykott bestimmter Medien; Kanzler Kurz distanziert sich (2018)
- Diskussion um die Registrierung von Juden und Muslimen zum Kauf von koscherem Fleisch (2018)

UNGARN

Fidesz – Ungarischer Bürgerbund

1988: Gründung
Seit 2010: Regierung unter Ministerpräsident Orbán

Migrationspolitik:

- Rhetorik der Migration als massiver Bedrohung
- Verletzung der Menschenrechte durch die Ablehnung aller nicht christlichen Geflüchteten (2015)

Weitere Positionen:

- Einschränkung des Verfassungsgerichts und der Unabhängigkeit der Justiz (2010)
- Kampagne gegen Abtreibung (2012)
- Strafbarkeit von Obdachlosigkeit (2018)

abverlangten, eine bewusste Entscheidung dafür oder dagegen zu treffen. Im Folgenden möchte ich einige Momente der Geschichte des biologischen Rassismus herausgreifen, um sein Denken zu illustrieren. Auch wenn die Darstellung dabei von dem Versuch geleitet ist, nicht unnötig rassistisches Wissen zu reproduzieren und abwertende Imaginationen des ›Anderen‹ auszusparen, kommt eine Reflexion der rassistischen Ideologie nicht gänzlich ohne Anschauungsmaterial aus. In jedem Fall sollte die Entscheidung für oder gegen eine Auseinandersetzung mit der Geschichte des Rassismus Ihre persönliche sein.

Wie dachte Rassismus damals?

Es ist ein langes ›Damals‹, von dem wir sprechen. Denn das Modell der menschlichen »Rassen«, entstanden und systematisiert in der Epoche der Aufklärung (18. Jahrhundert), hat eine komplizierte Entwicklung durchgemacht, was nicht zuletzt daran liegt, dass der Begriff »Rasse« bei aller scheinbaren wissenschaftlichen Exaktheit semantisch höchst offen und wandlungsfähig war. Daher konnte er auch auf unterschiedliche Fragen und Bedürfnisse der Jahrhunderte angewendet werden, alte Götzen ablösen und sich immer weiter ausdifferenzieren sowie auf unterschiedlichste gesellschaftliche Bereiche ausweiten. Stets war und ist Rassismus mit Herrschaft verbunden; diese auszuüben und zu erhalten, ist sein eigentlicher Zweck. Die Wissenschaft förderte ihn noch, indem sie die im Rassismus verkörperte Ordnung als eine objektive und natürliche adelte und dadurch den von ihm ausgehenden Gewaltpraktiken einen Anstrich von moralischer Legitimation verlieh. Um ein rein biologisches Erkenntnisinteresse ging es dabei nie, ebenso wie es niemals eine rein biologische Klassifikation von Menschen gab. Ich möchte an dieser Stelle drei Momente herausgreifen, die nicht nur für die historische Expansion des Rassismus entscheidend waren, sondern auch sein Denken maßgeblich geformt haben.

Dass die biologische Einteilung des Menschen unmittelbar mit Fragen der Herrschaft verbunden war, zeigt sich bereits in einem der frühsten Texte der »Rassenlehre«, dem Aufsatz »Neue Einteilung der Erde anhand der verschiedenen Arten oder Rassen der Menschen, die sie bewohnen«, des französischen Arztes François Bernier von 1648. Die von ihm aufgestellten Kategorien der menschlichen Differenz dienten dem französischen König als Rechtfertigung, um nur ein Jahr später Gesetze zum Sklavenhandel und zur Strukturierung der französischen Kolonien zu erlassen. Die biologische Klassifikation menschlicher »Arten« war nie zu trennen von der europäischen Expansionspolitik der Aufklärungszeit, sie diente immer auch dazu, die bereits praktizierte Ausbeutung zu legitimieren und abzusichern.

Einen wahren Aufschwung erfuhr der biologische Rassismus in der Aufklärung. Immer waren es solche Umbruchzeiten, in denen sich Rassismus als System verfestigte, denn er schien auf drängende soziale Fragen als universeller Welterklärer Antworten bereitzuhalten. Mit der Aufklärung und dem schrittweisen Ablösen religiöser Weltdeutung und absolutistischer Gesellschaftsformen trat die Frage nach dem Wesen des Menschen in einer ungekannt offenen und drängenden Weise ins Zentrum der philosophischen Auseinandersetzung. Die scheinbar naturgegebene Hierarchie der menschlichen »Rassen« diente als Modell für eine Neuordnung der Welt, das sowohl Einheit stiften als auch die Legitimation zur Herrschaft verleihen konnte.

Nicht nur die »Rassen«, sondern ebenso die Nationen und Völker wurden nun in ihren unterschiedlichen charakterlichen und kulturellen Eigenschaften vermessen. Die Einteilungen, die der Philosoph Immanuel Kant (1724–1804) dabei vorgenommen hat, sind mitunter recht amüsant zu lesen, wenn er sich etwa über den melancholischen Engländer oder den die Zerstreuung liebenden Franzosen auslässt. Nichtsdestotrotz erfüllte diese Beschreibung eine zentrale Funktion, nämlich eine Kollektividentität in Gestalt der Nationen dort zu erschaffen, wo Religion und absolutistischer Staat inzwischen keine Orientierung mehr boten.

Die Einteilung der menschlichen »Rassen« dieser Zeit folgte dabei strikt den Grenzen zwischen den Kolonialgebieten und Europa. Das, was Kant als den »schwarzen« Gegenpol zum weißen Europa entwirft, umfasst nahezu den gesamten afrikanischen Kontinent – ausgenommen ist der arabische Raum sowie Persien, das für Kant als »weiß« gilt – und Nordamerika. Während das »weiße« – selbstredend ausschließlich männliche – Europa als Menschheit in seiner »höchsten Vollkommenheit« definiert wird, da es sich qua Vernunft selbst regieren kann, wurde diese Fähigkeit den Bevölkerungen in den Kolonien abgesprochen. Die rassistische Ordnung der Aufklärung folgte also dem Prinzip, innerhalb von Europa nationale Einheiten herzustellen und zugleich die Herrschaft des Kolonialismus zu legitimieren.

Das durch die Aufklärung etablierte System der Überlegenheit und Ausbeutung wurde durch den Darwinismus im 19. Jahrhundert tiefgreifend verändert. Zuvor hatte man die Machtordnung als natürlich gegeben betrachtet, die neben der

Einheit des Volkes und der »Rasse« zugleich auch die Überlegenheit und Herrschaft garantierte. Doch nun behauptete Charles Darwin (1809–1882), es gebe ein dynamisches Modell der Evolution, das sowohl Veränderungen der einzelnen »Rassen« als auch eine Verschiebung der globalen Kräfteverteilung ermöglichte. Im frühen Rassismus war es um Einheit und Herrschaft gegangen, jetzt aber erschien insbesondere »Reinheit« als notwendig, um die Art zu erhalten und sich die globale Vormachtstellung zu erkämpfen.

Insgesamt brachte der Eingang des Darwinismus in die rassistischen Diskurse vor allem eine Radikalisierung rassistischen Denkens und Handelns. Darwin, der Kants Modell der »Menschenrassen« aufgriff, behauptete in seinem Buch *Die Abstammung des Menschen und die geschlechtliche Zuchtwahl (1871)*, dass die zivilisierten »Rassen«, dem linearen Lauf der Evolution folgend, die primitiven verdrängen würden. Der Darwinismus übersetzte die Vorstellungen der Aufklärungszeit über zivilisierte und unzivilisierte Völker in eine Evolutionsskala, in der die »weiße Rasse« sich bereits am weitesten von ihrem tierischen Vorfahren, dem Affen, distanziert hatte.

Es war Darwins Vetter Francis Galton (1822–1911), der angeregt von Darwins Schriften die Idee der Evolution und der damit verbundenen Zuchtmöglichkeiten auf den Menschen übertrug. Damit hatte er die Disziplin der Eugenik begründet. Nicht körperliche Merkmale waren für Galton das wesentliche Kriterium, das Aufschluss über den Entwicklungsstand eines Volkes gab, sondern die Intelligenz. In seinem Hauptwerk *Genie und Vererbung* schematisierte er bestimmte Genie-Klassen, die von herausragenden Jahrhundertdenkern bis hinab zum »ungebildeten Arbeiter« reichen. Je zahlreicher und je beeindruckender die Genies einer »Art«, umso höher ist ihr Entwicklungszustand zu bewerten – so lautet die simple Formel der Eugenik. Entscheidend ist dabei jedoch, dass Intelligenz ebenso wie der Charakter eines Volkes nicht als soziale Komponenten, sondern eben als genetische verstanden wurden. Eugeniker suchten nun nach sozialpolitischen Strategien, um die Geburtenraten ihrer jeweiligen Nation zu fördern und zugleich zu selektieren, was für Menschen geboren werden sollten. Denn nicht alle, sondern nur *the fittest* (so nannte Darwin die am besten entwickelten Lebewesen) sollten zum Erhalt des Volkes beitragen. Obwohl das der Evolutionstheorie eigentlich widersprach, wurde die »Reinheit« als zentrales Mittel zur Vervollkommnung des »Volkscharakters« angesehen.

Die Eugenik etablierte sich in der zweiten Hälfte des 19. Jahrhunderts als weltweit angesehene Wissenschaft, von der eine immense gesellschaftliche Wirkung ausging. Auch wenn rassistische Gesetze ohnehin bereits in den Kolonien etabliert waren, setzte die Eugenik mit der geforderten »Rassentrennung« neue rechtliche Impulse, die sich ab 1933 in den antisemitischen Gesetzen des Nationalsozialismus und bereits ab dem ausgehenden 19. Jahrhundert in den Segregationsgesetzen in den USA niederschlugen. Die Eugenik gestattete eine radikale rassistische Diskriminierung, die sich durch die sukzessive Verwirklichung einer Biopolitik auch auf andere Gruppen ausbreitete. Stand die »Zucht des Volkes« im Vordergrund, so wurde etwa die Rolle der Frau einzig durch ihre Funktion bei der Fortpflanzung definiert. Minderheiten wie Menschen mit Behinderung wurden als vermeintlich schädliche Einflüsse auf das Volk identifiziert und Ehen gesetzlich geregelt bzw. eingeschränkt.

Neu am eugenischen Rassismus war, dass er alle Menschen zu kalkulierbaren Objekten erklärte und Feinde einer Gesellschaft nicht nur außerhalb, sondern auch im Innern ausmachte. Indem die Gene zu einem universellen Träger von biologischen Merkmalen, geistigen Fähigkeiten aber auch eines nationalkulturellen Charakters erklärt wurden, ließ die Eugenik Gewalt gegen das Leben des Einzelnen wenigstens in der Theorie legitim erscheinen.

Um die Jahrhundertwende wurde mit dem Vokabular der Eugenik die gesamte Gesellschaft ebenso wie die Kulturwelt und die Künste vermessen. Die Eugenik traf auf die Endzeitstimmung der Industriegesellschaft des ausgehenden 19. Jahrhunderts. Damals schien sich das Leben rasant zu verändern, was sowohl in der Beschleunigung des Alltags in den Großstädten als auch in neuen Moden, dem Aufkommen neuer Ästhetiken wie etwa dem Surrealismus bestand und sich zugleich in neuen sozialen Problemen ausdrückte. Es breitete sich ein dekadentes Lebensgefühl aus, man wähnte sich entweder am Anbeginn einer neuen Zeitrechnung oder kurz vor dem Untergang. Nach der eugenischen Lesart, wie sie etwa der jüdische Gelehrte Max Nordau (1849–1923) in seinem zweibändigen Werk *Entartung* prägte, fand in dieser Zeit eine Degeneration des »Volksgeistes« statt, welche den »Untergang des Abendlandes« einzuläuten schien.

Angesichts des Pessimismus dieser Epoche, der mit dem Ende des Ersten Weltkriegs seinen Tiefpunkt erreichte, bot der Rassismus des Nationalsozialismus mit seiner radikalen Eugenik eine Art Heilsversprechen. Mit der Behauptung, es gebe ein ewiges und allen überlegenes deutsches Volk, äußerten die nationalsozialistischen Ideologen einen absoluten Anspruch auf Herrschaft. »Rasse« war für sie ein allumfassender Begriff, der nicht nur die körperliche Konstitution, sondern vor allem auch die Kultur im Sinne eines Volksgeistes ausdrückte. Die

Weltanschauliche Schulung mit Erläuterung germanischer Runen für Mitglieder der Allgemeinen-ss auf einer Wiese bei Bad Tölz, 1934.

Ideologien der 1930er Jahre machen deutlich, dass sich die Nationalsozialisten vor allem auf die »germanische« Kultur als Beweis für die eigene Höherwertigkeit bezogen; eine kulturelle Höherwertigkeit, deren Ursprung sie im Blut vermuteten.

Die mythengetränkte Propaganda der Nazis zielte somit auch darauf ab, Beweise für diese These bereitzustellen. Ihre radikale Vernichtungspolitik rechfertigten die Nazis mit einer imaginierten Bedrohung des »Volkskörpers« durch die jüdischen Bürger, Sinti und Roma sowie all diejenigen, die politisch oder kulturell mit den neuen Idealen brachen. Das »Ausmerzen« dieser »Feinde« und das »Züchten« der »deutschen Rasse« waren untrennbar miteinander verschränkt. Beide Strategien sind Ausdruck eines radikalen eugenischen Projektes. Zugleich zeigt sich damit auch, dass »Rasse« zwar als eine biologisch bewiesene Kategorie galt, aber soziale, kulturelle, geschichtliche und visionäre Vorstellungen ebenso umfasste.

Historischer Rassismus in der Gegenwart

Als mit dem Ende des Zweiten Weltkrieges und des deutschen Nationalsozialismus das Ausmaß der Vernichtungspolitik unter dem Zeichen der Eugenik vollständig sichtbar wurde, sah die »Rassenlehre« ihrem Niedergang entgegen. Mit der Gründung der UN und UNESCO wurde der Kampf gegen Rassismus international institutionalisiert. Neben der Erklärung der Menschenrechte war es das 1950 veröffentliche Statement der UNESCO zur »Race Question«, das einen Paradigmenwechsel einläutete. Darin heißt es, »Rasse« sei nichts weiter als ein »sozialer Mythos«. Von diesem Statement ging eine umfassende Wirkung aus, denn Rassismus wurde damit der wissenschaftliche Boden entzogen. Rassismus galt nun nicht mehr als ein biologisches, sondern als ein soziales Phänomen.

Damit konnten sich auch die Sozialwissenschaften dieses Gegenstandes annehmen. Das Statement zur »Race Question« war auch die Geburtsstunde eines dynamischen Forschungsfeldes, das sich interdisziplinär zwischen den Sozial-, Kultur- und Rechtswissenschaften entwickelte und das untrennbar mit einem Kampf für Gleichberechtigung etwa von *People of Color* in den USA oder in den bestehenden oder ehemaligen Kolonien Frankreichs und Großbritanniens verbunden war. Die Forschung folgte damit ebenso wie der politische Aktionismus der Einsicht, dass Rassismus keine natürliche Gegebenheit, sondern das Produkt einer illegitimen sozialen Praxis ist – und damit können und sollten diese sozialen Verhältnisse eben auch geändert werden.

Obwohl sich der Einfluss des Statements zur »Race Question« in seiner Bedeutung für die wissenschaftliche und politische Arbeit kaum überschätzen lässt, kann dies nicht darüber hinwegtäuschen, dass sich die Idee menschlicher »Rassen« in anderen Ausdrucksformen erhalten hat. Die Lebenswissenschaften benutzen zwar den Begriff »Rasse« nicht mehr, verfolgen aber in jüngerer Vergangenheit wieder vermehrt Forschungen zur biogeografischen Herkunft, in denen im Grunde die Vorstellung von trennbaren menschlichen »Rassen« aufgehen. Mit den sogenannten Ancestry Tests, bei denen anhand einer DNA-Probe die prozentualen Anteile von afrikanischen, lateinamerikanischen oder europäischen Vorfahren eines Menschen ermittelt werden, ist diese Forschung populär geworden. Für Aufsehen hat auch das Herzmedikament BiDil gesorgt, das in den USA ausschließlich für Personen entwickelt und zugelassen wurde, die sich selbst als Schwarz bezeichnen, was den Schluss nahelegt, dass dessen Hersteller in rassistischen Kategorien gedacht haben. In der medizinischen Forschung zeigt sich so, dass eine über Jahrhunderte gebildete Denkweise sich nicht per Dekret gänzlich verdrängen lässt; sie findet ihre Schlupflöcher, in denen sie überdauern kann.

Während sich Spuren des alten Wissenssystems über die biologischen Differenzen der Menschen wissenschaftlich erhalten konnten, haben sich rassistische Diskurse entscheidend verändert und pluralisiert. Rassismus ist nicht mehr unmittelbar mit einer universellen Welterklärung verknüpft, weil sich heutige Zeitgenoss_innen selbst nicht mehr von der ›einen Wahrheit‹ leiten lassen. Religiöse, wissenschaftliche, ökono-

Mit dem Marsch auf Washington am 28. August 1963 protestierte die US-amerikanische Bürgerrechtsbewegung gegen die Diskriminierung der Schwarzen.

mische oder auch rein individuelle Perspektiven auf die Welt stehen heute nebeneinander, ohne sich gegenseitig auszuschließen, korrespondieren aber auch nicht notwendigerweise miteinander. Rassistische Diskurse können seit dem Zweiten Weltkrieg nicht mehr die ganze Welt erklären. Dennoch sind sie in die unterschiedlichen Weltanschauungen eingewandert. Eine Vielzahl rassistischer Denkbilder der Vergangenheit lässt sich dennoch gegenwärtig ausmachen, manche waren vielleicht nie ganz verschwunden oder keimen wieder auf. All diese Formen haben gemeinsam, dass sie ihre rassistische Natur, ihre Wurzeln in einem biologischen Rassismus, nicht offen zeigen. Der Philosoph Theodor W. Adorno (1903–1969) stellte bereits in den 1960er Jahren bezüglich der ›neuen‹ Formen des Rassismus fest: »Das vornehme Wort Kultur tritt anstelle des verpönten Ausdrucks Rasse, bleibt aber ein bloßes Deckbild für den brutalen Herrschaftsanspruch.«

Hinter den meisten Vorstellungen über kulturelle Differenz stehen tatsächlich Denkmuster, die dem radikalen biologischen Rassismus entstammen. Das, was mit Kultur umschrieben wird, bezeichnet also vielmehr essentialisierte und auf den Körper bezogene Differenzen. In den zumeist antimuslimischen Narrativen über Kulturkonflikte, die bis hin zum von Samuel Huntington (1927–2008) beschriebenen *Kampf der Kulturen* (1996) reichen, steckt der darwinistische Überlebenskampf der »Rassen« und »Völker«. Im drohenden »Kulturverlust« durch Migration und dem Drängen auf »kulturelle« Homogenität finden wir wiederum die eugenische Idee der »Reinheit«. Häufig sind es einzelne Alltagsbegriffe, die von der rassistischen Vergangenheit zeugen, wie bestimmte Namen von Backwaren, die durch die Presse gegangen sind. Auch Bilder können das alte rassistische Wissen offenlegen, wie etwa die H&M-Werbung, die einen Schwarzen Jungen in einem Pullover mit der Aufschrift »coolest monkey in town« zeigt und damit auf die evolutionstheoretische Entmenschlichung von *People of Color* anspielt. Es sind also verstreute, unterschiedliche Denkfiguren, die von den Kontinuitäten des radikalen und umfassenden Rassismus vergangener Tage zeugen.

Zu den vielen Gesichtern des aktuellen Rassismus gehören auch jene Debatten um ein Erstarken oder Wiederaufkeimen eines Rassismus, der mit dem deutschen Faschismus und eugenischer Theorie liebäugelt. Oft wird danach gefragt, ob sich gegenwärtig Tendenzen einer politischen Kultur abzeichnen, die sich den alten Denkmodellen wieder annähern. Die Migrationsforscherin Naika Foroutan hat im Sommer 2018 dem *Tagesspiegel* ein vielzitiertes Interview geben. Für Aufsehen sorgte das Interview aufgrund der These, die gesellschaftlichen Entwicklungen wiesen »in eine präfaschistische Phase«.

> Wir befinden uns [...] in einer Phase der Dekonstruktion. Der Zerstörung jener Errungenschaften, die die 68er mit herbeigeführt haben und die unser Verständnis von Gleichberechtigung, sexueller Selbstbestimmung, Toleranz und Meinungsfreiheit maßgeblich verändert und beeinflusst haben. Als der Abbau dieser Grundwerte in Ungarn passierte, dachte man noch, das sei ein ungarisches Phänomen, weil es dort kein '68 gab. Die PiS-Regierung in Polen haben wir irgendwie hingenommen, die Slowakei war zu klein, um Besorgnis zu erregen. Jetzt wird Italien, eines der Gründerländer der EU, rechts dominiert, es werden Roma gezählt und Flüchtlinge als Invasoren entmenschlicht, die man im Mittelmeer sterben lassen sollte; in Wien hat die FPÖ Schlüsselministerien wie das Innenressort inne und fantasiert von

Judenregistrierungen. Die strategische Entmoralisierung der Gesellschaften durch die rechten Extremen – ich nenne sie bewusst nicht rechte Konservative – gelingt, und zwischen Berlin, Wien, Rom ist wieder die Rede von einer »Achse«.

Naika Foroutan im Interview mit dem Tagesspiegel vom 22.7.2018

Tatsächlich weisen einige politische und soziale Tendenzen in Europa Parallelen zum Beginn des 20. Jahrhunderts auf. Auffällig ist, wie die politische Positionierung gegen Migration mit Einschnitten in Bereichen der Meinungsäußerung, aber auch bezüglich der Rechte von Frauen sowie Minderheiten, einhergeht. So wird seit 2018 beispielsweise in Polen und Ungarn das Recht auf Abtreibung in Frage gestellt und in Österreich werden finanzielle Förderungen für Frauenhäuser reduziert. In Polen wurde das Parlament 2018 mehrfach von Menschen mit Behinderungen besetzt, um gegen die rigorosen Einsparungen bei der sozialen Absicherung zu protestieren. Ohne konkrete Aussagen über dessen ideologischen Gehalt treffen zu wollen, lässt sich feststellen, dass das Erstarken des Nationalismus in Europa mit einer Abnahme liberaler Werte einhergeht, während Diskriminierungsdiskurse gegen unterschiedliche Gruppen wie Frauen, Menschen mit Behinderung, Sinti und Roma sowie Juden Konjunktur haben. Die »Entmoralisierung der Gesellschaften« zieht also ausgehend von der Debatte um die Aufnahme von Geflüchteten weitere Kreise.

Auf die Frage, ob wir in Deutschland eine ähnliche Entwicklung sehen könnten und wenn ja, wo diese beginne, antwortet Foroutan: 2010. In diesem Jahr erschien Thilo Sarrazins *Deutschland schafft sich ab. Wie wir unser Land aufs Spiel setzen*. Von dieser Analyse der Krise des gegenwärtigen Sozialstaates ging eine enorme Sogwirkung aus, denn erstens wurde das Buch bereits vor Erscheinen mit der Vorstellung seiner kontroversen Kernthesen in der *Bild*-Zeitung beworben, was eine dementsprechend breite Diskussion in Gang setzte. Zweitens bedienten ebenjene Kernthesen entschieden antimuslimische Ressentiments. *Deutschland schafft sich ab* kann in der Tat als der Ursprung der neu aufkeimenden Debatten um »Das wird man ja noch sagen dürfen« verstanden werden.

So groß das mediale Echo auf das Erscheinen des Buchs ausfiel, das mit 1,5 Millionen verkauften Exemplaren auch ein Bestseller wurde, so wenig wurde bei aller geäußerten Kritik beachtet, dass dessen wissenschaftliche Argumentation sich an die Eugenik anlehnt. *Deutschland schafft sich ab* inszeniert bereits durch den Titel eine Endzeitstimmung, einen ›drohenden Untergang‹ Deutschlands. Die Analyse Sarrazins, worin denn die Bedrohung bestehe und was eigentlich bedroht werde, liest sich wie die frühen eugenischen Theorien. Die »Menschheitsgeschichte« sei geprägt von der »genetischen Evolution durch natürliche Selektion« einerseits und durch »kulturelle Evolution« andererseits. Wie Galton argumentiert Sarrazin, der Erfolg eines Volkes bemesse sich an der Verteilung von Intelligenz. Ebenso stimmen beide darin überein, dass Intelligenz und Begabung vornehmlich vererbte Eigenschaften seien. Sarrazin folgert nun aus dieser eugenischen Argumentation, dass manche Völker klüger seien als andere; während die Deutschen in Sarrazins Ranking ganz gut abschneiden, hält er vor allem die muslimischen Einwanderer der 1960er und 1970er Jahre nicht für sonderlich begabt. Aufgrund dessen und weil der Islam generell nicht vereinbar mit der deutschen Kultur sei, müsse Integration scheitern. Die Abschaffung Deutschlands fürchtet Sarrazin, weil aufgrund der niedrigen deutschen Geburtenrate insbesondere bei den »Deutschen mit Begabungen« der muslimische Anteil in einigen Jahrzehnten die Mehrheit in Deutschland stellen werde. Man könne dann nicht mehr »als Deutsche unter Deutschen leben«.

Foroutan hat in ihrer Analyse »Sarrazins Thesen auf dem Prüfstand« jede einzelne Behauptung Sarrazins zum »Heiratsverhalten«, zu den Bildungsbiografien der Muslim_innen oder zum Tragen des Kopftuches einer Realitätsprüfung unterzogen und widerlegt. Nicht allein der Inhalt oder die Realitätskonstruktion in Sarrazins Buch ist skandalös, sondern es ist auch erschreckend, wie zügig seine Thesen von der *Bild*-Zeitung verbreitet und wie bereitwillig diese von den Leser_innen angenommen wurden. Obwohl die Eugenik in Vergessenheit geraten ist und ihre wissenschaftliche Legitimation längst verloren hat, scheint immer noch eine gewisse Empfänglichkeit für ihre Denkmuster zu bestehen. In der Konsequenz war im Jahr der Veröffentlichung von *Deutschland schafft sich ab* ein sprunghafter Anstieg von antimuslimischem Rassismus auszumachen.

Seit Thilo Sarrazins Buch erschien, haben sich die Grenzen des Sagbaren spürbar geweitet. Mittlerweile werden auch in Reden der AfD Ideen des Nationalsozialismus oder eugenische Denkfiguren reproduziert. Vieles deutet darauf hin, dass sich eine neue Akzeptanz für genetische Argumentationen etabliert und dass diese Entwicklung zugleich mit einem Verlust an grundlegenden, europäischen Werten einhergeht.

Ist Europa rassistisch?

Am 6. September 2015 traf Bundeskanzlerin Angela Merkel eine historische Entscheidung: Tausende Geflüchtete vor allem aus dem Nahen Osten saßen am Budapester Bahnhof fest. Sie entschieden sich dagegen, dort zu bleiben, denn das ungarische Asylsystem war längst überlastet. Stattdessen machten sie sich auf den Weg gen Deutschland. Begleitet durch die Presse und unterstützt von Helfer_innen, die aus ihren Autos heraus Wasser und Nahrung verteilten, begann der »Marsch der Hoffnung« über die Autobahn Richtung München. Angesichts dieses Szenarios beschlossen Angela Merkel und der österreichische Bundespräsident Werner Faymann, die gemäß EU-Recht offenen Landesgrenzen Österreichs und Deutschlands auch für Geflüchtete nicht zu verschließen. In ihrer Eröffnungsrede zum CDU-Parteitag im Dezember 2015 sagte Angela Merkel rückblickend »Das war eine Lage, die unsere europäischen Werte wie selten zuvor auf den Prüfstand gestellt hat. Das war nicht mehr und nicht weniger als ein humanitärer Imperativ.« Und ergänzte die berühmt gewordenen Worte: »Wir schaffen das. Deutschland ist ein starkes Land. Das Motiv, mit dem wir an die Dinge herangehen, muss sein: Wir haben so vieles geschafft. Wir schaffen das.«

Migrant_innen übernachten am Bahnhof in Budapest, 5. September 2015.

Was wäre geschehen, hätten Österreich und Deutschland anders entschieden? In der Tat hätte eine humanitäre Katastrophe gedroht, denn es wäre nahezu unmöglich gewesen, die Menschen kurzfristig zu versorgen. Vor allem aber wäre eine Grenzschließung nur unter Einsatz des Militärs gegen die Geflüchteten möglich gewesen. Dieses Szenario, so appelliert Angela Merkel in ihrer Rede, wäre unvereinbar mit den Werten und Grundrechten Europas gewesen. Angela Merkel verweist in ihrer Rede mit dem »humanistischen Imperativ« programmatisch auf die Epoche der Aufklärung, jene Blütezeit Europas, in der die Grundsteine für die Demokratie und die Menschenrechte gelegt wurden. Jene Konzepte sind in die Erklärung zur europäischen Wertegemeinschaft mit den Grundpfeilern Frieden, Demokratie und Menschenwürde eingegangen. Für ihre Umsetzung dieser Werte hatte die EU 2012 sogar den Friedensnobelpreis erhalten. Das Norwegische Nobelkomitee stellte in der Begründung der Preisvergabe die jüngste Geschichte Europas heraus, die sich unter dem Einfluss der EU und ihrer Vorläuferinstitutionen aus einem »Kontinent der Kriege« zu einem Ort der Versöhnung, der Stabilität und der Menschenwürde entwickelt habe.

Gemeinhin gilt der Humanismus, der die Gleichheit aller Menschen betont, nicht nur als das Gegenbild des Rassismus, sondern auch als das Mittel der Wahl, um rassistischen Ideologien entgegenzutreten. Angesichts der Jahrhunderte zurückreichenden humanistischen Tradition mutet die Frage, wie rassistisch Europa sei, nicht nur abwegig an, sondern fordert zugleich das europäische Selbstverständnis heraus. Doch in der Tat lässt sich die Geschichte des europäischen Humanismus nicht ohne die des europäischen Rassismus erzählen. Sobald man die Selbstwahrnehmung gegen eine Außenperspektive eintauscht, tun sich Brüche und Ambivalenzen auf.

Und so lässt sich auch die Anekdote von Angela Merkels »Wir schaffen das!« aus einer anderen Perspektive erzählen, sodass nicht die Bundeskanzlerin, sondern die Migrant_innen als Streiter_innen für Freiheit und Gleichheit aller Menschen auftreten. »Sie tun so, als ob es heute schon möglich wäre, im wörtlichen Sinne Bürger dieser Welt zu sein«, schreibt der Journalist Militiadis Oulios. Indem sie eine globale Staatsbürgerschaft leben, stellen sie die an sich willkürlichen und neokolonialen Grenzverläufe in Frage. Die Migration im Sommer 2015 wäre dann als eine soziale Bewegung zu verstehen, welche die Ungleichheit zwischen denen, die sich nahezu ungehindert in der Welt bewegen können und jenen, die auf unüberwindbare Barrieren treffen, aufzuheben versucht. Im Grunde waren die Tausenden von Menschen vor der deutschen und österreichischen Grenze nicht mehr aufzuhalten; Angela Merkel und Werner Feymann haben *re*agiert, nicht agiert. Der Humanismus scheint eher der nachträglichen Rechtfertigung ihrer Handlung zu dienen. Nehmen wir die Denktradition des Humanismus ernst, dann haben die Geflüchteten in seinem Sinne ihre Rechte eingefordert.

Die stärkste Ambivalenz des europäischen Humanismus liegt bereits in dessen Geburtsstunde begründet. Die Epoche der Aufklärung erlebte nicht nur innereuropäische Umwälzungen wie den Fall des Absolutismus und die Begründung erster moderner Demokratien, die es durch ein starkes humanistisches Weltbild zu stützen und anzuleiten galt. Sie war darüber hinaus die Hochphase des europäischen Kolonialismus und seiner aggressiven Expansionspolitik. In den spanischen Kolonien in Südamerika hatten sich bereits hierarchische Gesellschaftsformen entlang der Idee der »Blutsreinheit« ausgebildet. Das koloniale Gesellschaftsmodell zirkulierte in der westlichen Welt, andere, u. a. die britische und französische Kolonialmacht, griffen es in ihren Kolonien auf.

Vor allem stellte es auch die Philosophen der Aufklärung vor die Herausforderung, den humanistischen Grundsatz der Freiheit und Gleichheit aller Menschen mit den radikalen, rein von ökonomischen und machtpolitischen Interessen geleiteten Ausbeutungspraktiken des Kolonialismus in Einklang zu bringen. Der Rassismus war ihre Antwort. Aus der Gleichheit aller Menschen wurde die Gleichheit der Europäer, und der Humanismus wurde im Gewand des »Zivilisationsgedankens« zu einem gefährlichen Exportgut. Die Kolonisatoren verstanden sich als Lehrmeister einer fortschrittlichen und humanistischen Lebensweise, die in die Kolonien getragen wurde. Doch bedeutete ihr Wertesystem für die indigene Bevölkerung eine Verschärfung der Herrschaftspraktiken, die sich auch in der Eliminierung von Kultur und Geschichte der kolonisierten Länder ausdrückte. Die Gleichheit der Europäer begründete so die Ungleichheit aller anderen. Übrigens stammt eine der einflussreichsten rassistischen Philosophien dieser Zeit von jenem Denker, dessen völkerrechtliche Überlegungen nicht nur in die Charta der Vereinten Nationen eingeflossen sind, sondern den auch Angela Merkel in ihrer Rede auf dem CDU-Parteitag mit dem »humanen Imperativ« direkt zitierte: Immanuel Kant.

Mit einem gewissen Zynismus lässt sich feststellen, dass heute wie damals die Außenpolitik eine Herausforderung für den europäischen Humanismus darstellt, ungeachtet dessen, in welche Richtung sich die Migrationsbewegungen vollziehen. Der Humanismus war nie frei von Machtinteressen – zeigt sich seine Vormachtstellung herausgefordert, dann offenbart er seine Exklusivität und rassistischen Tendenzen. In öffentlichen Debatten sind wir es nicht gewohnt, Asyl- und außenpolitische Handlungen sowie Kriegsführung unter einer rassismuskritischen Perspektive zu betrachten; dabei waren und sind diese beiden Felder seit dem Ende des Kolonialismus die am stärksten von Rassismus geprägten.

In den Jahren nach dem »Marsch der Hoffnung« hat sich Europas Politik beträchtlich nach rechts bewegt. Von der Goldenen Morgenröte in Griechenland und der Lega in Italien, Marine Le Pens Rassemblement National in Frankreich über die AfD in Deutschland bis hin zur ÖVP-FPÖ-Regierung unter Sebastian Kurz in Österreich und der Fidesz von Viktor Orbán in Ungarn haben sich Rechts-außen-Parteien in die Parlamente und die Regierungen vorgearbeitet. Ihnen allen ist gemein,

Interventionen gegen Rassismus

15.–20. Jahrhundert

Kolonialismus & die Expansion der Sklaverei

18.–20. Jahrhundert Entkolonialisierung

Die Entkolonialisierung war vor allem ein blutiger Prozess, der durch Aufstände und Kriege im 19. und 20. Jahrhundert geprägt wurde. So führte etwa der portugiesische Kolonialkrieg von 1961–1974 zur Unabhängigkeit der portugiesischen Kolonien.

1950–1990 Postkolonialismus

Der Postkolonialismus geht davon aus, dass der Kolonialismus als ein Machtgefälle zwischen Europa und den ehemaligen Kolonien nicht mit den Kolonien untergangen ist, sondern in einer ökonomischen und politischen Ausbeutung fortbesteht.

1870–1964

Jim Crow Era – die US-amerikanische »Rassen«-Segregation

18.–19. Jahrhundert Abolitionismus – Der Kampf gegen die Sklaverei

Getragen von pietistischem und aufklärerischem Gedankengut forderte der Abolitionismus ein sofortiges Ende der Sklaverei.

1930–1970 Die Bürgerrechtsbewegung, das Civil Rights Movement

Das Civil Rights Movement forderte unter Führung von Martin Luther King und Rosa Parks die Aufhebung der Segregation, die sich im Civil Rights Act von 1964 verwirklichte.

1960/1970 Black Feminism

Durch die fehlende Repräsentation schwarzer Frauen sowohl im ›weißen‹ Feminismus als auch im Civil Right Movement entwickelte sich diese Bewegung, die die Mehrfachdiskriminierung von *female* und *blackness* thematisierte.

1980 Critical Race Theory

Dieser aus den Rechtswissenschaften stammende Ansatz begründete eine universitäre Disziplin, die sich der Kritik des Rassismus verpflichtet hat. In den USA gegründet wirkten die Critical Race Theory der rechtlichen Benachteiligung von PoC entgegen.

1933–1945

Nationalsozialismus/Holocaust

1954–Gründung der UN

Mit dem Ziel der weltweiten Friedenssicherung und Verbrechen gegen die Menschlichkeit zu verhindern, gründeten sich nach dem Ende des 2. Weltkrieges die Vereinten Nationen.

1960 – Die 68er-Bewegungen

Der deutschen 68er-Bewegung ging es vor allem um eine Aufarbeitung der Nazi-Vergangenheit und Einforderung der juristischen Verfolgung von ehemaligen Nationalsozialisten. International waren die 68er-Bewegungen auf Emanzipation und das Ende von Kriegen gerichtet.

1903–1994

Apartheid

1976–1994 Das Ende der Apartheid

Dank dem neuen Selbstbewusstsein der US-amerikanischen Black Power Bewegung entstanden in Südafrika zahlreiche Studierendenproteste. Unter Druck der UN wurde 1994 die Apartheid im Parlament abgeschafft und Nelson Mandela, der führende Politiker des Widerstandes, nach 27 Jahren aus dem Gefängnis entlassen.

1960–heute

Neue Rechte

1980 Europäische Rassismuskritik

Zunehmend geriet die Neue Rechte in den Fokus der Wissenschaften in Frankreich und Großbritannien. Mit der Analyse dieser neuen Form des Rassismus etablierte sich die kritische Rassismusforschung in Europa.

dass sie Migration als eine Gefährdung darstellen, der mit der Abschottung des europäischen Kontinents entgegenzutreten sei. Sie prägen Bilder der Überwältigung, von einer unkontrollierten »Flüchtlingsflut«, bzw. einer »-schwemme« und einem »-zustrom«, auch von einer kriminellen und rein von wirtschaftlichen Faktoren getriebenen Migration wird geredet.

Interessant daran ist, dass in diesen Narrativen die Migration gerade als eine Bedrohung der humanistischen Grundordnung Europas beschrieben wird. Die antimuslimischen Rassisten sehen die Gleichberechtigung von Frauen, Homosexuellen und Bürger_innen jüdischen Glaubens durch die Einwanderung gefährdet, allgemein wird vor einer Verschärfung sozialer Ungleichheit durch die Belastung der Sozialsysteme gewarnt. Wer den humanistischen Grundsätzen folge, wer ›Gutmensch‹ sei, der gefährde letztlich die Freiheit und Gleichheit aller Europäer. Oder wie Sebastian Kurz es 2018 ausdrückte: »Die Zukunft der Europäischen Union selbst steht auf dem Spiel«.

Die Parteien des äußeren rechten Spektrums riefen so den politischen Ausnahmezustand aus, und der Verschärfung des politischen Sprechens folgte 2015 auch eine der Taten: Die überwältigende Mehrheit der europäischen Staaten weigerte sich bald, Geflüchtete aufzunehmen, im März 2016 wurde die Balkanroute wieder geschlossen. Lager entstanden in Griechenland an der europäischen Außengrenze, Flüchtlingsabkommen mit Drittstaaten wurden geschlossen; zuletzt vereinbarte Italien Ende 2017 mit der libyschen Küstenwache eine gemeinsame Schließung der Mittelmeerroute. Ebenjenes Kooperationsabkommen sollte die »Festung Europa« in einer solch radikalen Weise sichern, dass mehrere Organisationen, unter anderem auch die UN, die Flüchtlingspolitik der EU als menschenrechtsverletzend kritisierten.

Dabei ist keine Staatengemeinschaft den Menschenrechten so sehr verpflichtet wie die EU. Die EU definiert sich selbst als eine Wertegemeinschaft; in der EU-Grundrechtecharta sind diese sich an der Menschenrechtskonvention orientierenden einzelnen Pflichten konkret benannt.

WÜRDE DES MENSCHEN

Artikel 1
Würde des Menschen
Die Würde des Menschen ist unantastbar. Sie ist zu achten und zu schützen.

Artikel 2
Recht auf Leben
(1) Jeder Mensch hat das Recht auf Leben.
(2) Niemand darf zur Todesstrafe verurteilt oder hingerichtet werden.

Artikel 3
Recht auf Unversehrtheit
(1) Jeder Mensch hat das Recht auf körperliche und geistige Unversehrtheit.
[...]

Artikel 4
Verbot der Folter und unmenschlicher oder erniedrigender Strafe oder Behandlung
Niemand darf der Folter oder unmenschlicher oder erniedrigender Strafe oder Behandlung unterworfen werden.

Artikel 5

Verbot der Sklaverei und der Zwangsarbeit

(1) Niemand darf in Sklaverei oder Leibeigenschaft gehalten werden.

(2) Niemand darf gezwungen werden, Zwangs- oder Pflichtarbeit zu verrichten.

(3) Menschenhandel ist verboten.

(Charta der Grundrechte der Europäischen Union Artikel 1–5)

Das besondere an der EU-Grundrechtecharta ist, dass es sich nicht nur um ideelle Rechte handelt, sondern dass diese vor dem Europäischen Menschenrechtsgerichtshof in Straßburg einklagbar sind. Damit kommt den Menschenrechten eine historisch neue Qualität zu. Dass sie diesen Status gerade in Europa erlangen, ist durchaus kein Zufall, sondern verweist zurück auf den radikalsten Rassismus der Menschengeschichte – den der NS-Zeit.

Erstmalig wurden die Menschenrechte rechtsverbindlich in der *Allgemeinen Erklärung der Menschenrechte* der UN im Jahr 1948 niedergeschrieben. Darin heißt es, dass »die Nichtanerkennung und Verachtung der Menschenrechte zu Akten der Barbarei geführt haben, die das Gewissen der Menschheit mit Empörung erfüllen«. Mit Barbarei ist der totalitäre nationalsozialistische Staat gemeint sowie die von ihm ausgehende industrielle Vernichtung von sieben Millionen jüdischen Bürger_innen, Sinti und Roma, politisch Verfolgten und anderen Minoritäten. Der Begriff umfasst aber auch den Umstand, dass die Verfolgten kein Recht auf Asyl einfordern konnten und ihre Bemühungen um eine freiwillige Gewährung von Schutz scheiterten.

Die Konferenz von Evian 1938, zu der Franklin D. Roosevelt 32 Staatenverteter einberufen hatte, um über die Situation der Juden in Deutschland zu beraten, hatte zum Ergebnis, dass keines der westlichen Länder seine Grenzen für die ca. 500 000 deutschen und österreichischen Juden öffnete. Als Begründung wurde die Sorge angeführt, es könne ein unkontrollierbarer Zustrom von weiteren Millionen folgen. Die Nazis interpretierten die fehlende Bereitschaft, Asyl zu gewähren, als eine Bestätigung ihrer antisemitischen Ideologie; insbesondere schien ihre Darstellung jüdischer Personen als eine Bedrohung für die Gesellschaft, Kultur und den imaginierten »Volkskörper« gefruchtet zu haben. Der Nationalsozialismus forderte also auch deswegen so viele Opfer, weil eines der zentralsten Menschenrechte, das Recht auf Asyl, den Verfolgten damals nicht gewährt wurde. Das Scheitern der Konferenz von Evian zeigt auch, dass Rassismus nicht an der Landesgrenze endet, sondern ein globales Phänomen ist.

Dass die Menschenrechte nach dem Zweiten Weltkrieg die Grundlage zahlreicher europäischer Verfassungen, so auch des deutschen Grundgesetzes, bildeten, dass sie ebenfalls völkerrechtlich verankert und damit einklagbar sind, müssen wir als eine konkrete Reaktion auf das dunkelste Kapitel der deutschen und europäischen Geschichte verstehen. Der tragende Gedanke, der sich darin manifestiert, lautet, dass sich die Geschichte nicht widerholen darf.

Artikel 18

Asylrecht

Das Recht auf Asyl wird nach Maßgabe des Genfer Abkommens vom 28. Juli 1951 und des

Protokolls vom 31. Januar 1967 über die Rechtsstellung der

Flüchtlinge sowie nach Maßgabe des Vertrags über die Europäische Union und des Vertrags über die Arbeitsweise der Europäischen Union (im Folgenden »die Verträge«) gewährleistet.

Artikel 19

Schutz bei Abschiebung, Ausweisung und Auslieferung

(1) Kollektivausweisungen sind nicht zulässig.

(2) Niemand darf in einen Staat abgeschoben oder ausgewiesen oder an einen Staat ausgeliefert werden, in dem für sie oder ihn das ernsthafte Risiko der Todesstrafe, der Folter oder einer anderen unmenschlichen oder erniedrigenden Strafe oder Behandlung besteht.

Charta der Grundrechte der Europäischen Union, Artikel 1–5

Die Neuerfindung Europas nach dem Zweiten Weltkrieg zielte darauf ab, sich gegen den Faschismus, Rassismus und Antisemitismus der NS-Zeit radikal abzugrenzen. Die selbstgegebene, rechtsverbindliche Charta der Grundrechte sollte eine insbesondere von staatlichen Akteuren ausgehende Menschenrechtsverletzung verhindern. Das heutige Selbstverständnis Europas ist also antirassistisch, eben weil der Rassismus zentraler Bestandteil der europäischen Geschichte ist.

In der Gegenwart tun sich allerdings erneut Brüche und Ambivalenzen auf. Denn die zunehmend radikale Flüchtlingspolitik, die sich unter dem Eindruck des Rechtsrucks nach 2015 in Europa etabliert hat, scheint mit dem europäischen Wertekanon unvereinbar, und in der Tat ist die Gerichtsbarkeit der Menschenrechte heute besonders gefordert. Allein am 6. November 2017 sind mindestens zwanzig Menschen bei einem

Rettungseinsatz im Mittelmeer unweit der libyschen Hoheitsgewässer ertrunken; zwanzig von insgesamt circa 35 000 Geflüchteten, die in diesem jungen Jahrtausend an der europäischen Außengrenze ihr Leben verloren haben. Doch nicht die Toten heben den Vorfall vom 6. November 2017 unter den wöchentlich erscheinenden Meldungen über neue Opfer der Mittelmeerüberfahrten hervor, sondern die Überlebenden. Denn 17 von ihnen haben Mitte des darauffolgenden Jahres vor dem Europäischen Menschenrechtsgerichtshof gegen den italienischen Staat geklagt. Im Zentrum der Vorwürfe steht die Kooperation Italiens mit der libyschen Küstenwache zur Sicherung der europäischen Außengrenze – des Mittelmeers.

Dieser Fall eignet sich in besonderer Weise, um den Fokus vom europäischen Selbstverständnis abzuwenden und die blinden Flecke in den öffentlichen Diskursen über die Situation der Geflüchteten aufzuzeigen. Denn der Fall ist einer der ersten nahezu lückenlos dokumentierten; die Gerichtsverhandlung gibt Einblicke in das Agieren der Küstenwache, aber auch in die libyschen Lager. Denn Monate nach dem Zwischenfall auf dem Mittelmeer gelang es den ehrenamtlichen Seenotrettern, Kontakt zu den Geflüchteten herzustellen und Berichte über ihr Schicksal in Libyen zu erhalten.

Was war ihnen widerfahren? Ein Boot mit den Geflüchteten an Bord verließ am 5. November gegen Mitternacht libyscher Zeit (22 Uhr MEZ) Tripolis und geriet in den frühen Morgenstunden auf offener See in Seenot. Während das Boot langsam mit Wasser volllief, verständigten die Geflüchteten die italienische Küstenwache, die um 6 Uhr morgens einen Notruf an alle sich in dem Areal befindlichen Schiffe absetzte. Die italienische Küstenwache dirigierte sowohl die Sea-Watch 3 der gleichnamigen deutschen Nichtregierungsorganisation (NGO) als auch die libysche Küstenwache zu dem zu sinken drohenden Schiff und sendete einen Helikopter aus. Doch das Manöver der libyschen Küstenwache brachte das instabile Boot der Geflüchteten in Schieflage, sodass ein Kentern jederzeit drohte.

Als sich die Besatzung der Sea-Watch 3 in Motorbooten dem Geschehen näherte, wurde sie von der libyschen Küstenwache mit Gegenständen beworfen und bei der Rettung der vom Boot der Geflüchteten abtreibenden Menschen im Wasser behindert. Ein Mann wurde von der Strömung erfasst und ertrank. Videoaufnahmen der Sea-Watch 3 zeigen, wie die 47 vom sinkenden Boot evakuierten Geflüchteten auf dem Schiff der libyschen Küstenwache zusammengepfercht und mit Seilen immer wieder geschlagen werden. Ein Mann versucht dieser Gewalt zu entkommen, springt ins Wasser und bleibt an der Leiter des Schiffs hängen. Die libysche Küstenwache setzt sich dennoch mit hoher Geschwindigkeit in Bewegung und drosselt das Tempo erst nach mehreren, schließlich regelrecht flehenden Funksprüchen des italienischen Helikopters, den am Schiff hängenden Mann nicht zu töten.

Im Februar 2017 hat Italien ein Übereinkommen über die Zusammenarbeit bei der europäischen Grenzsicherung geschlossen, das sowohl die Aktivitäten der libyschen Küstenwache als auch die Sicherung der südlichen Festlandsgrenze Libyens umfasst. Die libysche Küstenwache agiert damit also als ein Stellvertreter der EU. Die Rechtsberaterin der 17 Geflüchteten beschreibt das Verhältnis mit den Worten, dass die »italienischen Behörden, das was ihnen selbst verboten ist, nach Libyen [auslagern]«. Tatsächlich ist das Handeln der libyschen Küstenwache am 6. November 2017 kein Einzelfall. Die

UN legt im Bericht ihres Fachausschusses zu Libyen dar, dass die libysche Küstenwache selbst Schiffe durch Waffeneinsatz zum Kentern gebracht hat. Besatzungsmitglieder von Schiffen unterschiedlicher NGOs bezeugen, dass sie vom libyschen Festland aus beschossen wurden, und zahlreiche Quellen deuten darauf hin, dass Mitglieder der libyschen Küstenwache selbst mit den Schleppern kooperieren.

Die erfolgreiche Abschottung der ›Festung Europa‹ fordert derweil einen hohen Preis: Tatsächlich haben in der ersten Jahreshälfte 2018 lediglich circa 45 000 Menschen über das Mittelmeer das europäische Festland erreicht, während es im gleichen Zeitraum des Vorjahres knapp über 100 000 waren. Die Todesrate steigt hingegen antiproportional in bedrohlicher Weise an. Im Jahr 2017 kamen durchschnittlich 2,3 Todesopfer auf 100 Geflüchtete, die Europa erreichten. Die Sprecherin des UN-Flüchtlingshilfswerks (UNHCR) Charlotta Sami stellt fest, dass im Juni 2018 – also seit der Blockade der Rettungsschiffe der NGOs sowie dem Rückzug der italienischen Küstenwache – dagegen jeder sechste Geflüchtete, der die riskante Route über das Mittelmeer wählte, bei diesem Versuch gestorben ist.

Das Verhalten der libyschen Küstenwache und die Auswirkungen der Kooperation sind inzwischen bekannt, und eine ähnliche Übereinkunft zwischen Libyen und Italien wurde bereits 2012 durch den Europäischen Menschrechtsgerichtshof für völkerrechtswidrig erklärt. Dennoch intensiviert Europa seit 2017 die Zusammenarbeit und unterstützt die Küstenwache finanziell und mit technischem Equipment. Zur gleichen Zeit werden die privaten Rettungsorganisationen durch die Politik Italiens und weiterer europäischer Länder kriminalisiert und an ihren Missionen gehindert.

Der konkrete Grund, warum die 17 Überlebenden vor Gericht gingen, ist ihre Rückführung nach Libyen. Als es der NGO im April 2018 gelang, Kontakt zu den Überlebenden herzustellen, berichteten diese von ihren schlimmen Erfahrungen in den libyschen Internierungslagern, in die sie nach der Rettung von der libyschen Küstenwache gebracht worden waren. Sie seien einen Monat lang in dem geschlossenen Lager Tajura in Tripolis in einer Zelle mit Hunderten anderen Geflüchteten eingesperrt gewesen – so beengt, dass sie über Stunden und Tage die Beine nicht ausstrecken oder sich hinlegen konnten –, hätten nur geringe Mengen an Wasser und Nahrung erhalten und seien drei bis vier Mal die Woche mit Seilen und Rohren von den Wärtern geschlagen worden. Einige sind nach ihrer Inhaftierung in ihre Heimatländer zurückgebracht worden – selbstredend ohne Prüfung eines Rechtsschutzes. Andere wurden ›verkauft‹ und anschließend mit dem Ziel gefoltert, Geld von ihren Familien zu erpressen. Manche konnten aus den Lagern fliehen und halten sich in Libyen versteckt, wo ihnen jederzeit durch Warlords, Schlepper und libysches Militär eine erneute Inhaftierung, Folter, Sklaverei oder Tod drohen.

Die auf hoher See von der libyschen Küstenwache ›geretteten‹ Menschen werden ausnahmslos in diese Internierungslager gebracht. Die politische Situation in Lybien ist schwer zu überblicken. Als *failed state* ist Libyen keiner Kontrolle durch eine funktionierende Regierung unterstellt. Die gemeinhin getroffene Unterscheidung zwischen den Lagern der Regierung und den von Schleppern betriebenen sogenannten Privatgefängnissen lässt sich nicht immer stringent aufrechterhalten. Offiziell unterhält die libysche Einheitsregierung 22 Internierungslager, von denen nur rund die

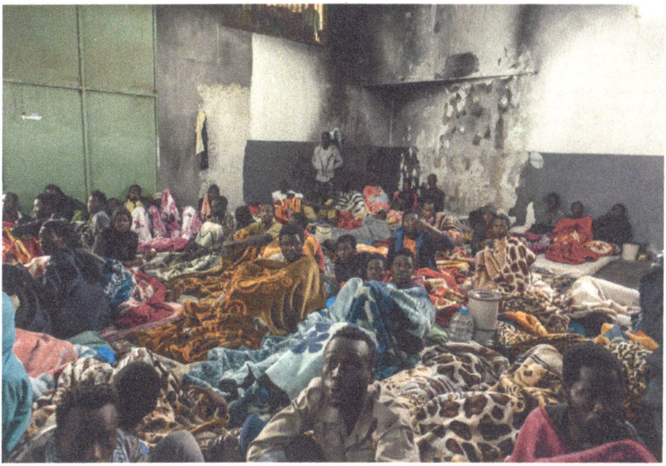

Flüchtlinge in einem libyschen Lager in der Nähe von Tripolis

Hälfte für Diplomat_innen, Journalist_innen und Hilfsorganisationen unregelmäßig geöffnet wird. Wie mir ein Mitarbeiter der Sea-Watch berichtete, bleiben sie zunehmend gänzlich verschlossen.

In den Internierungslagern der Regierung erlebt laut einer stichprobenartigen Befragung von Geflüchteten durch die NGO Ärzte ohne Grenzen mehr als jeder Zweite körperliche Gewalt und Folter. Dabei benötigen fast alle Inhaftierten medizinische Versorgung aufgrund von mangelnder Hygiene, fehlender Nahrung oder Gewalteinwirkung. Die Präsidentin von Ärzte ohne Grenzen, Dr. Joanne Liu, berichtet von einem Gespräch mit einer schwangeren Gefangenen in einem dieser offiziellen Lager. Das Lager besteht aus mehreren fensterlosen Räumen, in denen die Menschen zusammengepfercht werden – nicht mehr als 30 cm^2 Platz pro Person. Es gibt tagelang keine Möglichkeit, auch nur einmal die Beine auszustrecken, und auch keine Sanitäreinrichtungen. Die schwangere Frau wurde außerdem von den Wärtern gezwungen, auf einem Bein in der prallen Sonne im Hinterhof zu stehen, bis sie vor Erschöpfung zusammenbrach. Sie sagte auch, dass ihre Geschichte nicht die schlimmste sei, und berichtete von einem Mann, der an seinen Händen aufgehängt wurde. Er wurde öffentlich geschlagen, während Wärter seine schwangere Frau in einen Raum brachten und vergewaltigten.

Die Privatgefängnisse wurden bereits 2017 in einem internen Bericht der deutschen Botschaft in Niger als »KZ-ähnlich« bezeichnet. Diese Einschätzung basiert auf authentischen Handyvideos und Tonaufzeichnungen, die Geflüchtete während ihrer Inhaftierung gemacht hatten. Die Charakterisierung »KZ-ähnlich« bezieht sich nicht auf die verheerenden hygienischen Bedingungen, sondern auf die wahllose Tötung von Geflüchteten. »Augenzeugen sprachen von exakt fünf Erschießungen wöchentlich in einem Gefängnis – nach vorheriger Ankündigung jeweils freitags – um Raum für Neuankömmlinge zu schaffen, das heißt den menschlichen ›Durchsatz‹ und damit den Profit der Betreiber zu erhöhen«, berichtete die *Welt am Sonntag*, der der Bericht der deutschen Botschaft in Niger nach eigenen Angaben vorlag.

Sowohl die Lager der Einheitsregierung als auch die Privatgefängnisse stehen in Zusammenhang mit den vom US-Nachrichtensender CNN aufgedeckten Sklavenmärkten in Libyen. Aus den Gefängnissen heraus werden Insassen etwa an Farmer zur Zwangsarbeit verkauft. Die UN beschreibt die Sklaverei in Libyen als einen Ausbruch des schwerwiegendsten Rassismus, und ihr Generalsekretär António Guterres sagt, die

Menschenauktionen in Libyen gehörten »zu den ungeheuerlichsten Menschenrechtsverstößen und könnten Verbrechen gegen die Menschlichkeit gleichkommen«.

Wie viele Menschen derzeit in Libyen gefangen sind, lässt sich nicht genau sagen. Schätzungen des UNHCR gehen von 700 000 Geflüchteten aus, die in Libyen festgehalten werden. Welcher Anteil von ihnen in Internierungslagern gefangen gehalten wird, lässt sich nicht beziffern.

Kehren wir noch einmal zu der Frage »Ist Europa rassistisch?« zurück: Die europäische Zusammenarbeit mit Libyen hat das Potenzial, in die Geschichte als eines der großen rassistischen Vergehen der jüngeren Zeit einzugehen, als ein Rassismus, den man meinte, überwunden zu haben. Die Neuformierung Europas nach dem Ende des Zweiten Weltkrieges auf Grundlage der Menschenrechte sollte ein Wiedererstarken rassistischer Kräfte in europäischen Staaten ja eigentlich verhindern. Dennoch erleben wir heute in Europa, wie sich rechtspopulistisches Denken in Feindbildern und Bedrohungsszenarien wieder ausbreitet. Die Verschärfung des politischen Sprechens, die radikale Grenzsicherung und die systemischen Menschenrechtsverletzungen in Libyen können nicht getrennt voneinander betrachtet werden, vielmehr ist das eine die notwendige Konsequenz des anderen.

Der historische Bruch in der Geschichte des europäischen Humanismus besteht darin, dass Europa sich gegenwärtig von seinen selbst auferlegten Grundwerten abwendet. Diese beruhen vordergründig auf einer Achtung des Lebens, die derzeit aber zugunsten einer Entmenschlichung (und zwar sowohl im Sprechen als auch im Handeln) in den Hintergrund tritt. Ziel der rechtlichen Verankerung der Menschenrechte war es, die Entstehung von staatlichem Rassismus zu verhindern, und dennoch hat die gegenwärtige Politik dazu geführt, dass wieder Lager als radikalste Form der rassistischen Ausschließung entstehen.

Ins libysche Lager kann man auf unterschiedlichen Wegen gelangen. Menschen werden etwa durch Schlepper dorthin gebracht, die ihren Lohn nicht bekommen haben, durch die libysche Polizei oder nach einer Entführung. Immer jedoch werden die letzten Schritte ins Lager durch die libysche Küstenwache organisiert. Deren Zuständigkeit für die Internierung wird sogar in dem Übereinkommen von Italien und Libyen erwähnt und konkret geregelt. Ungeachtet der Tatsache, dass dort Menschenrechte verletzt werden, zu deren Schutz sich Europa verpflichtet hat, und in voller Kenntnis der Situation in den libyschen Lagern – von der menschenunwürdigen Unterbringung über Folter und Vergewaltigung bis hin zu Sklaverei und Mord – wird die Zusammenarbeit mit der libyschen Küstenwache fortgeführt und ausgebaut. Die lybische Küstenwache ist das außerordentliche Mittel im europäischen Ausnahmezustand.

Libyens Lager bilden ein geschlossenes System. In ihnen begegnen wir neuen und sehr alten Erscheinungsformen des Rassismus wie Sklaverei, Zwangsarbeit und mitunter seriellen Hinrichtungen. Letztere für Einzelfälle zu halten wäre, wie die obigen Ausführungen zeigen, ein Trugschluss, das Phänomen durchzieht alle Lager. Zwischen den einzelnen Lagern und aus den Lagern heraus werden die Menschen verkauft, gefoltert, um von ihren Angehörigen Geld zu erpressen, sowie ermordet, wenn sie nicht ›verwertbar‹ sind. Die Menschenrechtsverletzungen in Libyen sind nicht nur aufgrund ihrer Quantität systemisch, sondern auch weil sich ein ökonomisches System der Entmenschlichung gebildet hat.

Im Zuge des EU-Gipfels 2017 erklärte der Menschenrechtskommissar der UN Zeid Ra'ad al-Hussein, die Zusammenarbeit der EU mit Libyen sei unmenschlich. »Das Leiden von Flüchtlingen, die in Libyen festgehalten werden, ist ein Verbrechen am menschlichen Gewissen« – an jenem menschlichen Gewissen also, das sich 1948 in der Präambel der *Erklärung der Menschenrechte* schon einmal empört gezeigt hat.

Und nun?

Rassismus hat im 21. Jahrhundert wieder Hochkonjunktur. #MeTwo hat in Tausenden von Tweets den Rassismus im Alltag sichtbar gemacht, die Europäische Kommission gegen Rassismus und Intoleranz kritisiert den strukturellen Rassismus in staatlichen Institutionen wie der Schule und der Polizei. Alte rassistische Ideologien sind durch AfD und Pegida in den öffentlichen Diskurs eingedrungen, und an der europäischen Außengrenze sterben wöchentlich Flüchtlinge oder erleben radikale Gewalt in libyschen Lagern. All diese unterschiedlichen Phänomene gehören zur Zeitdiagnose über den Rassismus. Zwar haben sie auf den ersten Blick scheinbar wenig gemeinsam, doch ist es kein Zufall, dass wir in unterschiedlichsten Bereichen – vom Alltag bis hin zur Außenpolitik – ein nahezu gleichzeitiges Erstarken des Rassismus erleben. Aber was hat etwa der Alltagsrassismus mit der grausamen Realität der libyschen Lager zu tun?

Die deutschen Medien berichteten bereits im Frühjahr 2017 über das Schicksal von Geflüchteten. Obwohl die Reportagen mit Bildmaterial die prekären Zustände in den Lagern eindringlich verdeutlichten und die Gefahren der Überfahrt über das Mittelmeer dokumentierten, blieb ein Aufschrei oder gar

Protest der deutschen Bevölkerung gegen die Flüchtlingspolitik zunächst weitgehend aus. In den folgenden Monaten wandelte sich dann auch die Berichterstattung; die Dokumentation der Fluchterfahrungen wich einer Kontroverse darüber, ob die steigenden Opferzahlen aufgrund der Einstellung der Seenotrettung ein – wenn nicht legitimes, so doch ein notwendiges – Mittel zur Sicherung der europäischen Grenze seien. Die fehlende Empathie und mangelnde Wertschätzung des menschlichen Lebens lässt sich nicht durch die geografische Distanz erklären, vielmehr resultiert sie daraus, dass die Geflüchteten nicht mehr als vollwertige Menschen wahrgenommen werden.

Die Philosophin Judith Butler (*1956) hat anhand von Kriegsberichterstattungen analysiert, weshalb bestimmte Gruppen »in höchstem Maße betrauerbar sind«, wir auf ihr Leid also mit Emotionen und Solidarität reagieren, während wir anderen Gruppen – häufig den Opfern von Kriegen – mit Gleichgültigkeit begegnen. Ihr Verschwinden scheint uns »kein Verlust« zu sein. Judith Butler gibt eine einfache Antwort: Nur wenn wir die Opfer von Gewalt und Ausschließung als reale menschliche Wesen verstehen, können wir sie auch betrauern. Denn fehlt das verbindende Element des Menschseins, wird das Leid der Anderen quasi unsichtbar.

Zu den wirkungsvollsten Mitteln, mit denen man Anderen das Menschliche absprechen kann, gehören die Stereotype und Klischees von Gruppen, die der Rassismus erzeugt. Sie schaffen Trennungen, machen aus Menschen eine gesichtslose Masse, werten sie ab oder behaupten, sie seien gefährlich. Rassistische Bilder und Vorstellungen brennen sich in unsere Wahrnehmung ein und beeinflussen uns. Wir begegnen ihnen in öffentlichen, mitunter auch in politischen Debatten, in den

Medien und in alltäglichen Gesprächen. Diese rassistischen Denkmuster versperren uns den Weg zur Solidarität und Empathie mit den Betroffenen von rassistischer Diskriminierung und Gewalt.

Dieser latente Rassismus hat nicht nur den Umgang mit der Flüchtlingspolitik, sondern auch mit Alltagsrassismus selbst geprägt. In den Reaktionen auf die #MeTwo-Debatte war er ebenfalls spürbar. Während die zahlreichen Tweets über Erfahrungen von Alltagsrassismus in den Tagen und Wochen nach dem Start der Debatte ein enormes Medieninteresse generieren konnten und sich für kurze Zeit tatsächlich eine Debatte um Alltagsrassismus in Deutschland andeutete, sahen sich die Betroffenen auf Twitter selbst einer massiven Gegenwehr ausgesetzt. Anfeindungen, Beleidigungen und Leugnungen ihrer Erfahrungen mit Alltagsrassismus nahmen überhand. Obwohl #MeTwo deutlich gemacht hat, wie umfänglich und einschneidend die Erfahrung von Alltagsrassismus ist, wurde dessen Radikalität von vielen nicht wahrgenommen.

Die Virulenz rassistischer Vorstellungen in der Öffentlichkeit hat seit der sogenannten Flüchtlingskrise im Jahr 2015 zugenommen. Insbesondere muslimische Geflüchtete waren und sind einer Vielzahl von Vorurteilen ausgesetzt. Mit rassistischen Vorstellungen eines per se gewaltbereiten, intoleranten und patriarchalen Islam wurde ein Gegenbild zur deutschen Gesellschaft erschaffen, das mit Bedrohungsszenarien der Überfremdung verbunden wurde. Dabei handelt es sich keinesfalls um neue Vorurteile, sondern um Vorstellungen, mit denen in Deutschland lebende Muslim_innen in den vergangenen Jahrzehnten allzu häufig konfrontiert wurden. Dennoch ging von den Ressentiments gegenüber Geflüchteten auch eine Verschärfung eines generellen antiislamischen Rassismus aus, der sich auch gegen deutsche Muslim_innen richtet. Es zeigt sich erneut, dass rassistische Vorstellungen alles andere als harmlos sind.

Doch ist die Radikalisierung des Rassismus nur ein Teil der Geschichte, der andere betrifft den Protest gegen ihn. Im Sommer 2018 sind bei Demonstrationen der Bewegung »Seebrücke. Schafft sichere Häfen!« rund 100 000 Menschen gegen die Blockade der Seenotrettung im Mittelmeer auf die Straße gegangen. Weitere Demonstrationen gegen den Rechtsruck in der Politik und gegen Rassismus mit mehreren zehntausend Teilnehmer_innen in Hamburg und München sollten folgen. Am 13. Oktober 2018 fand schließlich der Protestmarsch »#unteilbar. Für eine offene und freie Gesellschaft – Solidarität statt Ausgrenzung!« in Berlin mit 240 000 Teilnehmer_innen statt, den ein breites Bündnis unterschiedlicher Parteien, Organisationen und NGOs initiiert hatte. Die Teilnehmer_innen erhoben ihre Stimmen gegen »Rassismus und Menschenverachtung« sowie für »eine offene und solidarische Gesellschaft […], in der Menschenrechte unteilbar, in der vielfältige und selbstbestimmte Lebensentwürfe selbstverständlich sind.«

Der Impuls, der von diesen Protesten ausgeht, ist kaum zu überschätzen. Sie arbeiten gegen die rassistischen Vorurteile an, indem sie das Menschliche wieder ins Bewusstsein rücken. So öffnen sie das Blickfeld für die existenzbedrohenden Kräfte, die vom Rassismus sowohl für die von ihm Betroffenen als auch für die Gesellschaft ausgehen. Nach den ersten Demonstrationen im Sommer war eine Veränderung der von den Medien geführten Debatten deutlich zu spüren; an die Stelle von vornehmlich auf die Abschottung Europas abzielenden Positionen trat eine Pluralität von Stimmen, die sich mit den

Chancen und Möglichkeiten eines offenen Europas auseinandersetzten.

Doch die Bekämpfung von Rassismus findet nicht nur in Debatten statt. Rassismus ist umfänglich wirksam, er ist in jedem Lebensbereich anzutreffen und besitzt viele unterschiedliche Gesichter. Und ebenso vielfältig wie der Rassismus selbst muss auch der Protest gegen ihn sein. Wir müssen nicht nur sprechen, sondern auch handeln. Um etwa dem strukturellen Rassismus in der Schule, dem Berufsleben oder Institutionen wie der Polizei entgegenzuwirken, bedarf es politischer Konsequenzen, die sich den Debatten anschließen müssen. Ebenso einflussreich wie das politische Handeln im Großen ist aber das persönliche Eintreten im Kleinen. Man muss nicht lautstark auf Demonstrationen seine Stimme erheben, um gegen Rassismus einzutreten; man kann ihm ebenso wirkungsvoll im alltäglichen Leben begegnen, indem man rassistische Diskriminierung in seinem Umfeld nicht toleriert, sondern Solidarität mit den Betroffenen rassistischer Diskriminierung bekundet, statt die Augen vor seiner Existenz zu verschließen. Aber man kann auch eben seine Stimme erheben.

Lektüretipps

Black, Les / Solomes, John (Hrsg.): Theories of Race and Racism. A Reader. London 2000.

ECRI Berichte und Statements. https://www.coe.int/t/dghl/monitoring/ecri/default_en.asp.

Forensic Architecture, Mare Clausum. The Sea Watch vs Libyan Coast Guard Case. 6. November 2017. https://www.forensic-architecture.org/case/sea-watch/.

Grjasnowa, Olga: Der Russe ist einer, der Birken liebt. München 2012.

Kilomba, Grada: Plantation Memories. Episodes of Everyday Racism. Münster 2013.

Kimmich, Dorothee / Bergmann, Franziska / Lavorano, Stephanie (Hrsg.): Was ist Rassismus? Kritische Texte. Ditzingen 2016.

Leo, Per: Flut und Boden. Stuttgart 2014.

Oulis, Miltiadis: Blackbox Abschiebung. Geschichte, Theorie und Praxis der deutschen Migrationspolitik. Berlin 2015.

Sow, Noah: Deutschland Schwarz weiß: der alltägliche Rassismus. München 2008.

El-Tayeb, Fatima: Undeutsch. Die Konstruktion des Anderen in der postmigrantischen Gesellschaft. Bielefeld 2016.